LD（学習障害）のある子を理解して育てる本

学研のヒューマンケアブックス

監修●竹田契一（大阪医科大学LDセンター）

Gakken

はじめに

　本書は、発達障害の一つであるLD（Learning Disabilities: 学習障害）について、専門的な知識がなくてもわかるように平易な文章で具体的な事例を交えて解説しています。

　LDのある子は、授業中の聞く力、音韻認識する力、見る力、形を認識する力などの認知に弱さがあるため、一人ひとり「学び方」が異なります。その子に合った学び方を見つけることが支援や指導の基本になります。

　1章では、学習障害の基礎知識としてLDってどんなもの？を詳しく解説しています。
　一見、怠けていると思われがちな子どもたちですが、実は中枢神経系の障害が背景にあると考えられており、しつけ、育て方や環境のせいではありません。

　2章は、LDのある子がその特性によって、さまざまな困難を抱えるようすについて書かれています。何に困っているのか、何につまずいているのか、いち早く気づいてあげることが必要です。授業、家庭での学習でどのような困難を抱えているのかを知ってほしいと思います。
　また一人一人の異なる学びに合わせた勉強方法についても解説しています。

　3章では、子どもがLDであるとわかったときに、どこに相談するのか、またどんな支援が得られるのかについて解説しています。LDには医学的な診断と教育的判断があり、とらえ方が異なります。

大切なのは、この子は何につまずいているのかを明らかにして、保護者、教師など周りにいる大人ができることは何か、考えることをスタートすることです。

　4章では、それぞれの時期に必要な支援を具体的に、幼児期、児童期、思春期、青年期の4期に分け、子どもの成長とともに周りの環境の変化に対応したプログラムを解説しています。

　学習面のみならず、成長に伴うさまざまな子育てのポイントを挙げながら説明します。「今、考えておきたいこと、しておくことは何か」を確認するのに最適な章になっています。

　本書のねらいは、道に迷い、不安な気持ちで「これからどうしよう」と思いめぐらしている保護者の方に一つの道しるべを提供することにあります。

　LDではないかと言われ、誰に相談したらいいのかわからず途方に暮れている方に、まずLDの特性理解とこれからの進むべき方向性、保護者のかかわり方などについて示しています。専門家から今後の見通しについての情報がないため、ドクターショッピング（手あたりしだい専門家を巡ること）をされる方もいます。子どもについての情報がたくさん入れば入るほど整理ができず、不安がより増していきます。

　本書は「今、どこにいるのか」の立ち位置を示してくれます。今、何をしたらいいのかを整理し、冷静に判断できるチャンスです。子育てのバイブルとしてそばに置いていただければ幸いです。

2018年6月　竹田契一

LD(学習障害)のある子を理解して育てる本
Contents

はじめに ………………………………………………………………… ●2

 序章 あれ？
うちの子ちょっと……
と思うとき

エピソード：1　音読にとても苦労している、こころちゃん（6歳） ……………… ●10

エピソード：2　漢字がうまく書けない、しょうくん（8歳） ……………………… ●11

エピソード：3　計算がとにかく苦手な、りょうくん（7歳） ……………………… ●12

エピソード：4　算数の計算は得意なのに、文章問題が苦手なれいなちゃん（9歳）……… ●13

エピソード：5　何を話しているのか、みんなに伝わらなくて
　　　　　　　もどかしい思いをしている、しずくちゃん（7歳） ……………… ●14

エピソード：6　よく聞いているはずなのに、やりとりや指示を
　　　　　　　とらえ間違うことの多い、つばさくん（7歳） ………………… ●15

1章 LDって？学習障害の基礎知識

LDって、どんなもの？	18
LDのある子のようすは？	20
LDの原因は？	26
重なり合う発達障害	36
防ぎたい「二次障害」	42

2章 子どもの困難と大切なかかわり

子どもへのかかわりのポイント		46
かかわりのポイント：1	何に困っているかを知る	48
かかわりのポイント：2	学習面の困難を具体的に知る	50
かかわりのポイント：3	苦手を無理強いしない	53
かかわりのポイント：4	得意な方法を見つける	54
かかわりのポイント：5	子どもの味方になる	56
かかわりのポイント：6	LDについて正しく伝える	57

かかわりのポイント：7	苦手に合わせて工夫する	●58
かかわりのポイント：8	いっしょに予習をする	●68
かかわりのポイント：9	「できた！」体験を多くできるように	●69
かかわりのポイント：10	話すことをいっしょに整理する	●70
かかわりのポイント：11	伝え方を工夫する	●72
かかわりのポイント：12	家庭はリラックスできる場に	●74
かかわりのポイント：13	ふだんの生活で数の概念を意識する	●76
かかわりのポイント：14	学校の先生と相談する	●77
Column	アルファベットの読み・書き	●80
やってみよう！	おうちでちょこっとトレーニング	●81

3章 どこに相談？どんな支援があるの？

どこに相談したらいいの？	●96
LDの判断・診断	●100
「療育」って何？	●103
こんな療育プログラムがあります	●105
学校で受けられる支援は？	●108
家族のケアとサポート	●116

パートナー（配偶者）や祖父母との関係 ●118

きょうだいの思いを大切に ●120

Column　家族会を活用して ●122

4章　年代別に見る子育てのポイント

それぞれの時期に必要な支援を ●124

幼児期（3〜6歳） ●126

児童期（6〜12歳） ●127

思春期（12〜18歳） ●130

青年期（18歳〜） ●133

わたしたち親子のあゆみ
- interview 1 ●136
- interview 2 ●146
- interview 3 ●150

学校での支援を求めるタイミング ●156

Column　「合理的配慮」って？ ●160

〈資料〉判断基準・診断基準と小学校での配慮例 ●161

さくいん ●172

序章

あれ？
うちの子ちょっと……
と思うとき

文字や数などを使う場面で
「あれ？」と気になる様子が見えてくることがあります。
もしかしたら、LD（学習障害）かも……？
6人のエピソードから、
LDのある子どもの姿をイメージしてみましょう。

エピソード：1

音読にとても苦労している、こころちゃん（6歳）。たどたどしく1文字ずつ読んでいきます。

小学校1年生のこころちゃんは、教科書を音読するのがとても大変そう。
ほかのことでは手を挙げてはきはきと発表できるのに、
教科書を読むときになると、とたんにたどたどしくなってしまいます。

関連ページを読んでみましょう
➡ P.20、P.58〜61、P.92

エピソード：2

漢字がうまく書けない、しょうくん（8歳）。
書き取りの宿題もとても時間がかかります。

小学校2年生のしょうくんは、学校が大好き。毎日、張り切って通っています。宿題にも一生懸命取り組んでいますが、漢字は何度書いても間違えてばかり。それでも親子で一生懸命練習してテストに臨んだのに、やっぱり間違えて……。

序章　あれ？　うちの子ちょっと……と思うとき

関連ページを読んでみましょう
➡ P.21、P.62〜65、P.82〜87、P.93

エピソード：3

計算がとにかく苦手な、りょうくん（7歳）。
足し算も引き算もとても時間がかかります。

小学校1年生のりょうくんは、毎日計算練習をしているのに、いつまでたっても、指を使っています。同じように毎日取り組んでいる漢字は得意なのですが……。そういえば、学校に入る前から数への興味や関心が薄かったかもしれません。

関連ページを読んでみましょう
➡ P.24、P.66〜67、P.94

エピソード：4

算数の計算は得意なのに、文章問題が苦手なれいなちゃん（9歳）。このギャップは、なぜ？

序章　あれ？　うちの子ちょっと……と思うとき

小学校3年生のれいなちゃんは、算数の計算が得意なのが自慢です。
ところが、文章問題になると、ぱたっと手が止まってしまうのです。
せっかく好きだった算数が、このままでは嫌いになってしまいそう……。

関連ページを読んでみましょう
➡ P.25、P.66〜67、P.92〜94

エピソード：5

何を話しているのか、みんなに伝わらなくてもどかしい思いをしている、しずくちゃん（7歳）。

小学校2年生のしずくちゃんは、おしゃべりするのが大好き。
一生懸命、楽しそうに話をするけれど、みんなは何が言いたいのかわかりません。
もう少し、すじみちを立てて話せるようになればいいのですが……。

関連ページを読んでみましょう
➡ P.23、P.91

エピソード：6

よく聞いているはずなのに、やりとりや指示をとらえ間違うことの多い、つばさくん（7歳）。

小学校1年生のつばさくんは、先生の言うことをいつもちゃんと聞いているように見えます。でも、いざ行動してみると、なぜか先生の指示とは違ってしまっていることが多いのです。学校からの連絡事項も家庭にほとんど伝わっていません。

関連ページを読んでみましょう
➡ P.22、P.88～90

序章　あれ？　うちの子ちょっと……と思うとき

困っている子どもに気づいてほしい！

　ここまで、6つのエピソードを読んでいかがでしたか？
「あ、うちの子と同じだ！」と思った方もいらっしゃるでしょう。
「うちの子はそこまでではないわ」という方もいらっしゃると思います。

　LDの特徴のひとつに、「知的な遅れはない」ことがあります。そのため、LDのある子どもたちには、不得意（苦手）な勉強以外はほとんど問題がないことが多いのです。ですから、一見何の問題もないようにも見えます。実際、小学校に上がる前にLDであることに気づくのはとても難しいともいわれています。
　勉強で苦労された方はたくさんいると思います。そして、苦手な分野でいったんつまずいてしまうと、その後の学習に大きく影響することを経験された方もいらっしゃるでしょう。ただ、LDのある子どもたちは、そのつまずきがずっと続いているのです。そして、そのつまずきのために、とても多くのエネルギーを費やしています。でも、効果が出ないのです。それは、どんなにつらいことでしょう。

　子どもたちはLDの特性により困っています。でも、自分がLDであることを知りません。みんなはもっと頑張っているんだ、自分はダメなんだと自分を責めてしまいがちです。
　ですから、周りの大人は、早く子どもが「困っている」状態を見つけて、すぐに手を差しのべてあげなくてはなりません。子どもの成長は待ってくれません。診断の有無にかかわらず、今、困っていることを乗り切れる自分なりの方法を見つけ、みんなといっしょに楽しく学び、本来の力を伸ばしていってほしいと思います。

1章

LDって？
学習障害の基礎知識

LD（学習障害）とは何か、
どのような状態がLDというのか。
まずは、基本的な知識を確認し、
気になる子どもの姿について
理解することから始めましょう。

LDって、どんなもの？

LD（学習障害）は、発達障害のひとつで、知的な遅れはないのに、
学習面での得意・不得意に大きなかたよりがあるものです。

LD（学習障害）の定義

　LD（学習障害）とは何かという定義は、諸外国と日本、医学的な定義と教育的
定義とで少し異なりますが、この本では、日本の文部科学省から出された判断基準
など、教育的定義を基本としていくことにします。

　文部科学省によると、「学習障害とは、基本的には、全般的な知的発達に遅れは
ないが、聞く、話す、読む、書く、計算する又は推論する能力のうち特定のものの
習得と使用に著しい困難を示す様々な状態を指すものである。」（平成11年7月「学
習障害児に対する指導について（報告）」より➡P.162）とされています。

　つまり、LDは、全体的な知的発達の遅れはないのに、学習面での得意・不得意
のかたよりが激しく、頑張っているのに効果が出ない状態だということができます。

「困り感」は子どもによってさまざま

　子どもには一人ひとり個性があるように、LDの特性の現れ方は、子どもによっ
てさまざまです。

　学習に必要な「聞く、話す、読む、書く、計算する、又は推論する能力」のうち、
たとえば、読むことは得意なのに文字を書くことが苦手、読むことも書くことも問
題はないのに算数の計算だけが苦手、という子どもがいます。このような学習能力
のかたよりが、ひとつまたは複数見られた場合、LDと考えられます。

自分に合った学び方を見つけよう!

　日本では、Learning Disabilities（LD）を学習障害と訳して使っています。しかし、アメリカなどでは、Learning Difficulties（学習困難）という言葉を使っていて、子ども自身が学びの場で困っている状態を指します。そして、診断の有無にかかわらず、通常の学び方では子ども自身が学びにくかったり、頑張っているのに成果が出なかったりする場合には、すぐに対策を練ります。

　さらに、**Learning Differences**＝「**学び方が違う**」という考え方もあります。**LDのある子は学び方が異なる子、つまり自分に合った学び方がわかりさえすれば、学んでいける子**ということです。

LDのある子のようすは？

LDのある子どもには、たとえば次のようなようすが見られます。

※ここに挙げたのは、よく見られる特性です。LDと診断されてもこれらすべてが見られるわけではなく、また、特性の現れ方には個人差があります。

〈読むことが苦手な子どもたち〉

○読むのに時間がかかる
○たどり読みになる、逐次読みになる
○読み間違う
○文字や言葉を抜かして読む
○行を飛ばす、同じ行の頭に戻る
○読んでも、意味がわからない
○文章になると意味がわからない

　文字の読み方を覚えるのに、とても時間がかかる子どもがいます。ひらがなもカタカナも漢字も、文字を見てすぐに正しい音を思い出せなくて、読むときにたどたどしく、ひと文字ずつ読む「逐次読み」になってしまう子がいます。
　また、声に出して読めても、単語のまとまりでスムーズに読めないので、読んでいることの意味がわかっていない子もいます。語尾を変えてしまうため、読んでも、内容が正しく理解できていないことがあります。文字を目で追ったり、じっと見つめることが難しく、文章を読むときに文字や行を飛ばして読んでしまう子どももいます。
　「しゃ・しゅ・しょ」といった拗音（小さい「やゆよ」）や、「もっと」などの促音（小さい「つ」）や、「ぼうし」などの長音が入った言葉などを、正しく読むことが難しく、たとえば、「いしゃ」を〈いしょ〉、「ちょっと」を〈ちょと〉や〈ちよつと〉と読んでしまうことがあります。

〈書くことが苦手な子どもたち〉

○文字を思い出せない、思い出すのに時間がかかる
○文字の形を誤る
○助詞や長音・促音・拗音の表記を間違える
○文字や単語が抜ける
○文章が書けない、作文が書けない

　漢字の線（画）が足りなかったり、偏(へん)は書けるけれど旁(つくり)が書けなかったり、偏と旁が逆になったりすることがあります。また、バラバラでバランスの悪い字や、不自然な書き順で漢字を書いたりする子どもがいます。漢字だけでなく、ひらがなの「れ」と「わ」、カタカナの「ン」と「ソ」、「シ」と「ツ」のような似ている文字の見分けが難しい子や、鏡文字を書いてしまう子もいます。

　授業中、先生が黒板に書いた文字（板書）をノートに書き写すのに、とても時間がかかってしまう子どももいます。ときには、すべて書き写す前に黒板の文字を消されてしまうこともあり、中学生になって先生の言ったことを書き取る場面が多くなると、ますます難しく、より時間がかかってしまいます。

　また、ひとつひとつの文字は書けるのですが、文章を書くのが苦手な子どももいます。日記や作文なども、主語と述語が合っていなかったり、助詞（「てにをは」）が間違っていたり、時系列がわからなかったりする子もいます。書くのにとても時間がかかり、途中でやめてしまうこともあります。

　拗音・促音・長音がわからずに、間違えて書くことも多くあります。

LDのある子のようすは？

〈聞くことが苦手な子どもたち〉

○聞き間違いや聞きもらしが多い
○必要な音・声を聞き取ることが難しい
○似た音の聞き間違い・覚え間違いが多い
○相手の言うことが理解できない

　先生の指示を聞き間違えたり、聞きもらしたりする子がいます。また、「だいこん」を「らいこん」、「でんわ」を「れんわ」など、会話のときには気づかず、文字を書くようになってはじめて、覚え（聞き）間違いに気づくことがあります。その場合、書くことの苦手さにつながる可能性もあります。

　授業で「書き取りのテストをしたら、隣の子と答え合わせをして全部できたら終わり。遊びに行っていいよ」など、一度にいくつかのことを言われると、一部の言葉しか聞き取ることができない子どももいて、そうなると、何を言われたのか理解できず、適切な行動をとれない子ととらえられることもあります。

〈話すことが苦手な子どもたち〉

○すじみちを立てて話すことができない
○言いたいことを整理して言葉にできない
○物の名前など、知っているのにすぐに出てこない
○話す内容を思い出せない
○自分の考えをまとめるのに時間がかかる
○「が・は・を・と」などの助詞や、「でも・それで」などの接続詞を使って話すのが難しい
○動詞、形容詞などを適切に使えない

　文字の読み書きや作文は問題なくできるのに、話すことが苦手な子どもたちもいます。たとえば授業で発表するときなど、話しているうちに何を言いたかったのか、わからなくなってしまうことがあります。グループでの話し合いの際、自分の言いたいことや思ったことをうまく言葉にできなくて、固まってしまう子もいます。結果、話し合いに参加できなくなってしまうこともあります。

LDのある子のようすは？

〈計算が苦手な子どもたち〉

○計算するのにとても時間がかかる
○指を使って計算する
○九九が暗記できない
○暗記ができても、テストで応用できない
○位取りを間違えてしまう

　計算がどうしてもできるようにならない子もいます。たとえば、いつまでも1ケタの暗算ができず、指を使って計算する、九九が暗記できない、暗記できても実際の場面で応用できない、1ケタの計算はできるけれど、繰り上がり・繰り下がりのある計算がうまくできない、筆算の位取りを間違えて、違うケタの数字を使って計算してしまうなど。そのため、計算にとても時間がかかってしまいます。

〈推論（推しはかること）が苦手な子どもたち〉

○予測・推測の必要な課題が苦手
○文章問題が苦手、わからない
○図形・表・グラフの問題が理解できない

　計算は得意なのに、文章問題が極端に苦手な子ども、図形やグラフの問題だけが苦手な子どももいます。

　たとえば、300+500=800という計算はできるのに、「800m離れたスーパーに行こうとして、今、300m歩いた場所にいます。あと何m歩けばいいでしょう？」という文章問題になると、急に頭を抱えてしまい、「これ、何算？」と聞いてきます。

　算数の文章問題を解くには、まず、問題文を読み、その意味を理解しなければいけません。それには、問題文の内容を絵的にイメージし、文章ではあらわされていない内容も推しはかって考える必要があります。また、文章問題では、数量の関係性をとらえて整理し、式に置き換えることも必要となります。

　推しはかることが苦手という中には、表やグラフなどから解答に必要な数やルールを見つけるのが難しい子どももいます。「展開図」や「立体」などの図形だけが苦手な子どももいます。

LDの原因は？

LDの原因は、脳機能のかたよりによるもので、
ほかの障害や環境が直接の原因ではありません。

子どもが怠けているわけではありません

　LD（学習障害）のある子は、知的な遅れはないために、「怠けている」とか、「やる気が足りない」などと評価されてしまうこともあります。「やればできるのに、やらないだけだ」と誤解を受けやすいこともLDの特徴です。このような誤解や周囲の無理解が、ますますLDのある子を苦しめてしまうことがあります（P.48参照）。

「中枢神経系に何らかの機能障害」とは？

　文部科学省のLDの判断基準（P.162参照）によると、「学習障害は、その原因として、中枢神経系に何らかの機能障害があると推定されるが、視覚障害、聴覚障害、知的障害、情緒障害などの障害や、環境的な要因が直接の原因となるものではな

い。」とあります。

　この「中枢神経系に何らかの機能障害があると推定される」とはどういうことなのでしょう。

　中枢神経系というのは、神経の働きの主なもの（中枢）で、脳と脊椎にあります。ヒトの脳の中には、1000億以上の神経細胞があり、それらが複雑につながって生きるうえで必要なさまざまな働きをしています。この脳の働きに何らかの障害があることがLDの原因ではないかということなのです。

　たとえば、脳の中の「ウェルニッケ野」という場所は、文字と話し言葉の両面から音を分析する役割があり、「角回」という部分は、脳にたくわえられた音声と視覚情報を結びつける仕事をしています。これらの部分がうまく働かないと、文字を見て意味のある言葉に結びつけることが難しくなります。ただし、脳のほかの分野は活発に働いていることが多く、ほかに問題はありません。

しつけや育て方が原因ではありません

　もう少しわかりやすく言うと、目や耳、皮膚などさまざまな感覚器官を通して入ってくる情報を受け止め、整理し、関係づけ、表すという脳機能のどこかに十分に働かない部分があると考えられるということです。でも、どの部分がどのようにかかわっているのかということは、まだ全容が解明されていません。

　また、視覚・聴覚障害や知的障害、情緒障害、肢体不自由、病弱・身体虚弱などの障害や、生まれ育った家庭や環境によって起こる学習上の困難がLDの直接の原因になるわけではありません。ですから、親のしつけや育て方は原因にはなりません。

LDの原因は？

「音韻」の聞き分けの弱さ
が影響する子どももいます

言葉を一つひとつの音（音韻）に分けて組み立てる

　実は、私たちは無意識に目や耳から受け取った言葉の情報を、脳の中で音声要素に分けていて、それを組み合わせた言葉として認識しています。たとえば、「いちご」という言葉は、「い」と「ち」と「ご」という3つの音から成り立っています。

　このそれぞれの音を「音韻」といい、脳の中でひとまとまりの言葉（単語）がどんな音に分かれるかを認識する働きを「音韻認識」といいます。

　文章や言葉を声に出して読む場合、脳の中で分けた音韻と目で見た単語をつなぐことが必要です。これを「音韻想起」といいます。「読み」は、文字を音にすることですから、文字と音を対応させることが大切なのです。

　ところが、この音韻認識や音韻想起がうまくできない子どもがLDのある子どもには多いのです。

「拍（モーラ）」を認識する力も必要です

　また、私たちは「いしゃ」という言葉は、「い」と「し」と「ゃ」の3つの音の

要素ではなく、「い」と「しゃ」という2つの音の要素だと解釈しています。長音の入った「ぶどう」や促音の入った「きっぷ」は、それぞれ3つの音だととらえています。

　これらの音の要素を、拍（モーラ）といいます。つまり、私たちは自然に目や耳から入ってきた言葉を脳の中で、次のように認識しているのです。

○単語がいくつの拍（モーラ）からできているのか
○それぞれの拍（モーラ）がどういう音か

　ところが、このモーラがわかっていないと、拗音・促音・長音などが認識できず、単語にもつながらないことになり、「読み」がうまくできなくなります。

音韻の聞き分けの弱さは「書き」の苦手さにも

　また、こうした「読み」につまずく子どもは、書くことにも苦手さが見られます。これは、音韻認識、音韻想起という2つの働きが脳の中の同じ場所で行われているからです。

　これらの障害は、主に脳の中で文字や文章を音に変換する機能（**視覚情報処理機能**や**聴覚情報処理機能**）がうまく働かないことで起こります。ただ、この脳機能のかたより具合は子どもによって異なりますから、問題の現れ方も子どもによってそれぞれです。

> **LDの原因は？**

「聞く力」の弱さ
が影響する子どももいます

　LDのある子どもの中には、いわゆる聴覚障害があるわけではないのに、教室で、先生のクラスみんなへの指示を聞き間違えたり、聞きもらしたりする子がいます。

　教室にいると、たとえば、友達のおしゃべりやいすを引きずる音、校庭から聞こえる体育の授業の声や雨や風の音など、さまざまな音が聞こえてきます。先生の指示や話を聞くには、これら周りにあるたくさんの音の中から、自分にとって必要な音だけを聞き取り、言葉に変換して理解しなければなりません。そのためには、注意力と集中力が必要ですし、脳の中で耳から聞いた音を処理する**「聴覚情報処理機能」**に何らかのかたよりがある子どもにとっては、とても難しいことなのです。ですから、先生の指示を理解し、行動に移すということは、想像以上に大変です。

　また、**聴覚過敏**（P.31参照）があったり、**ワーキングメモリ**（P.34参照）の弱さも、「聞く」ことの難しさの原因のひとつになります。

聴覚情報処理障害（Auditory Processing Disorder=APD）

　「聴覚情報処理障害」は、耳から聞こえてきた情報（音）を脳の中で意味のある言葉に変換することが難しい障害です。聴力は正常なのに、「聞き取った言葉の意味がわからない」、「相手の言っていることの意味をはき違えてしまう」、「言葉自体がうまく聞き取れない」などの困難が出てきます。LDのある子どもにも聴覚情報処理障害のある子どもが多いといわれています。

感覚のかたよりが原因になることもあります①

　ほかの発達障害をあわせもっているLDの子どもの中には、触覚や視覚、味覚など、感覚にかたよりの強い子どももいます。

　「**聴覚過敏**」は、感覚のかたよりのひとつで、現れ方や程度は人によってさまざまですが、たとえば、大きな音を聞くと強烈な痛みを感じたり、轟音や爆音が鳴り響いているように聞こえたりすることがあります。また、たくさんの音の中からひとつの音だけを選び出して聞くのが難しくなることもあります。教室内ではいろいろな音が同じレベルで耳に入ってきたり、わずかな騒音がひどくうるさく聞こえたりして、先生の話が聞こえない、先生の声だけを聞き取れないことになります。

　「**視覚過敏**」があると、たくさんのものの中からひとつのものを見つけ出すことが難しくなります。蛍光灯のちらつきが気になったり、白い紙に書かれた黒い文字のコントラストをきつく感じたりします。そのため、文字や文章が読みにくくなることがあります。また、文字の中でも明朝体のような線の太い部分と細い部分がある文字が読みにくい、いくつかの種類の書体（フォント）が組み合わせられた文章が読みにくいなど、「読み」の困難につながってしまいます。

　反対に、「**感覚の鈍感さ（鈍麻・低反応性）**」のある子どももいます。たとえば、聴覚鈍麻のある子は、音が聞き取りにくいために、授業中うわの空になってしまうことがあります。

　こうした感覚のかたよりは、「自閉スペクトラム症（ASD）」（P.38参照）の子どもの特性でもありますが、LDの子どもにみられることもあるのです。

LDの原因は?

「見る力」の弱さ
が影響する子どももいます

　私たちが物を見るときには、視力や視野といった目のしくみのほか、目がきちんと物をとらえるために動いたり、ピントを調節したりといった目の運動機能が働いています。これらを「視機能」といいます。

　そうして目で受け取った情報は、脳に送られ、脳の中で処理され、立体的で奥行きのあるものと受け取ることができます。このとき、脳の中でさまざまな「視覚情報処理機能」が働いて、目で見たものの色や形、動き、位置や関係性などがわかるのです。

　これらを合わせて「見る力」といいます。多くの人は、気づかないうちにこれらの作業を一瞬のうちにしているのです。でも、これらの機能のひとつでもうまく働かないと、学習上のつまずきを生んでしまいます。つまり、「見る力」が弱いことが、LD（学習障害）のつまずきの原因のひとつになるのです。

「見る力」の弱さが影響する困難

　「見る力」のうちの視機能につまずきがあると、文字をじっと見つめたり、視線をすばやく正確に移動させたりする眼球運動の機能がうまく働かず、文章を読むときに、文字や行を飛ばしてしまうことがあります。

　「見る力」のうちの視覚情報処理機能が弱いために、文字の形を理解していても、文章の中で言葉のまとまりをとらえることが難しい子どももいます。これは、たどたどしい逐次読みの原因にもなります。

　視覚情報処理機能の弱さが筆算でケタをそろえたり、書き写したりの難しさに関係することもあります。また、立体的に形をとらえたり、奥行きをとらえたりすることが難しい場合には、図形の問題の苦手さにつながることもあります。

感覚のかたよりが原因になることもあります②

　ASDなどをあわせもっている子どもの中には、文字か次のように見える子どもがいます（見え方や感じ方は、人によって異なります）。

○**文字がにじむ・ぼやける**…文字が水に浸したようににじんで見えたり、文字が二重になったり、ぼやけて見えたりする。

○**文字がゆがむ**…文字がゆがんで見えたり、浮かんで見えたりする。

○**文字が動く**…一部の文字が動いているように見える。

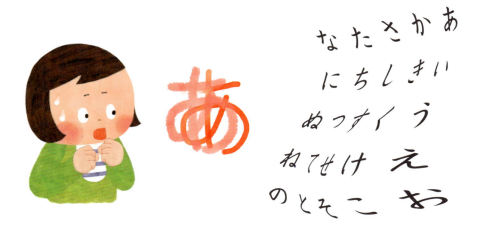

　文字だけでなく、絵や図形などもゆがんで見えたり、地の柄と絵が重なって見えたり、立体感がなく見えることがあります。いずれも、個人の見え方は、ほかの人にはなかなかわかりづらいのですが、視力や脳の「見る力」の弱さではなく、感覚のかたよりに原因があるのです。

LDの原因は？

ワーキングメモリ
の弱さも原因になります

　ワーキングメモリ（作業記憶）は、脳の前頭前野の重要な働きのひとつです。**必要な情報を一時的に記憶し、処理をする脳の機能**で、「脳のメモ帳」ともいわれます。

　たとえば、「おはしとお茶碗を持ってきて」と言われたら、その2つの物を一時的に記憶して持ってくる。このような場合にワーキングメモリが使われます。

　学習の場面では、次のような活動にこのワーキングメモリが使われます。

　　　　○黒板の文字を書き写す
　　　　○すじみちをたてて話す
　　　　○作文を書く
　　　　○読みながらストーリーを理解する
　　　　○指示通りに行動する
　　　　○計算をする
　　　　○文章問題を解く　　など

ワーキングメモリが弱いと……

　ワーキングメモリが弱いと、言われたことを覚えられない、もしくは忘れてしまい、うっかりミスも多くなります。また、漢字をまねして書くことはできるのに、100回書いても覚えられない、テストでは思い出せない、文章などを書いている途中で文字や単語が抜け落ちるなどのようすも見られます。

　ですから、左ページのような学習活動は、ワーキングメモリが弱い子どもたちにとって、大きなストレスとなっています。そのため、それぞれの作業にとても時間がかかります。ワーキングメモリにストレスがかかりすぎた子どもは、大事な情報を忘れたり、ぼうっとしてしまったりして、課題の失敗につながっていくのです。

　教師や親からの言葉の指示を覚えて行動できる数は、5歳児で1～2つといわれています。ワーキングメモリが弱かったり、うまく働かなかったりすると、小学校に上がってからも2つの指示が覚えられず、適切な行動がとれないということにもなります。

　たとえば、「今、していることをやめて、手を一度ひざに置いてから、机の上を片付けましょう。終わったらイスの後ろに立って、姿勢よく手をまっすぐ下に伸ばしましょう」などという指示が、高学年になっても覚えられないとなると、相当なストレスになってしまいます。

重なり合う発達障害

LDはほかの発達障害と重なっていることで、より困難が大きく、発見がますます遅れてしまうことがあります。

発達障害の境界はあいまい

　LDを含め発達障害は、脳の機能の一部がうまく働かない、かたよりがあることが原因で起こる困難な状況です。また、子どもによって脳のどの機能の働きが弱いか、どこにかたよりがあるかはさまざまです。

　現在、日本では、学習障害（LD）のほか、自閉スペクトラム症（ASD）、注意欠如・多動性障害（ADHD）、発達性協調運動障害（DCD）やこれに類する脳機能の障害を「発達障害」と呼んでいます。そして、それぞれに目立った特性があるとされ、それが判断の基準になっています。

　ところが、障害かどうかの境界線はあいまいで、なおかつ、それぞれの障害についてもはっきり線引きできるものではありません。LDの特性がありながら、ASDの特性もある、というように、いくつかの障害が重なることもあるのです。

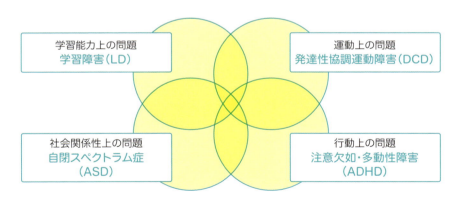

LDと併存すると……

　LDとそのほかの発達障害が併存すると、障害特性が組み合わさって学習面での困難さが複雑化することがあります。例えば、ASDの特性があると、聞いたり話

したりする力が弱い場合も多く、読解や算数の文題問題、作文などの苦手さとして現れることがあります。

また、ADHDの特性があると、文章を読み飛ばす、最後まで人の話を聞いていない、テストで見直しをしない、などの問題が出てくることがあります。

DCDは、手足などを別々に動かす運動がうまくできず、ぎごちない動作になってしまうもので、鉛筆がうまく使えず、字を書くときに大きさがバラバラだったり汚くなってしまうことがあります。そういった手先の不器用さがLDと重なると、より学習が困難となります。

早くに気づいて対策できるように

以前は、ASDと診断されたら、ADHDの診断名はつけられないことになっていましたが、最新の診断基準ではその縛りがなくなり、ASDでありADHDもある、という診断が認められるようになりました。このように、障害が重なり合う場合が多く、一つひとつの障害で区別するのではなく、「連続」しているととらえる考え方もあります。

しかし、LDは「学習障害」という名前の通り、学習における困難ですから、就学前に気づくことがあまりありません。そのため、複数の発達障害をあわせもっている場合、友達とのトラブルが多いなどの理由で、先にASDやADHDに気がつき、就学以降もLDには気がつかなかったり、LDへの対応が後回しになることが多いようです。

ただ、LDのある子どもたちは、幼児期にも形の認知ができない、大人の説明がわからないなど、つらい思いをしています。さらに社会に出てからも読み書きの困難により、就職や進学に支障をきたしてしまうこともあります。ほかの発達障害とは区別してとらえて、早めにLD対策をとれるようにしましょう。適切な支援により、解決できることがあります。

まずは早めにLDであることに気づき、困っていることへの対応策が見つけられるように、幼いころからいっしょに支援をしていくことが大切です。

そのほかの発達障害

●自閉スペクトラム症（ASD）

主な特性　※特性の現れ方には個人差があります。

●人とのかかわり、コミュニケーションが苦手
* 視線が合いにくい
* 触られるのを嫌がる
* 人見知りをしない、1人遊びが多い
* 話し言葉が出ない、一方的に話す、独特の言葉遣い
* たとえ話・冗談・アイコンタクトや身ぶり手ぶりが通じない
* その場の空気・相手の表情を読むのが苦手　　など

●興味のかたより、こだわりが強い
* 同じ手順・スケジュールにこだわる、変更が苦手
* 物を並べる、置き方にこだわる、特定の物や記号に執着する
* 興味の範囲が狭く深い
* 回る・跳ぶ・手を振るなど同じ動きを繰り返す
* 規則的な動きをいつまでも見ている
* ごっこ遊びが苦手
* ルールや約束を守ることに必死になる、一番にこだわる　　など

●感覚のかたより、動きのぎごちなさ
* 特定の感触や音を嫌がる
* 偏食、痛み・寒暖を感じにくい
* 特定の感覚（ふわふわ・キラキラ）にこだわる
* 細かい作業が苦手で不器用
* 体の動かし方がぎごちない、姿勢が崩れがち　　など

自閉スペクトラム症の「スペクトラム」とは連続体という意味で、左記のような特性の現れ方が強いものから弱いものまで連なっているというイメージです。2013年に改訂された診断基準DSM-5では、アスペルガー症候群や高機能自閉症という細かい分類はせず、左記の特性のあるケースすべてを「自閉スペクトラム症」または「自閉症スペクトラム障害」と呼ぶようになりました（本書では、「自閉スペクトラム症」と「ASD」という表記を使用しています）。

　原因は生まれつきの脳の機能障害と考えられ、多くは3歳以前に発現し、1歳半までに診断可能とされていますが、知的障害のない場合は言語や対人関係の困難が明確になるのが少し後になるため、幼児期の診断は難しいともいわれます。

　ASDのある子は、苦手なことがある一方で、とても素直でまじめだったり、すばらしい面もたくさんもっています。中には、ずばぬけた記憶力がある子、音楽や絵画など芸術面で才能を発揮する子もいて、有名な起業家や芸術家、学者などで実はASDという人も社会でたくさん活躍しています。

●注意欠如・多動性障害（ADHD）

> **主な特性**　※特性の現れ方には個人差があります。
> ●**不注意**…忘れ物が多い、同じミスを繰り返す、整理整とんが苦手、興味のないことには注意が持続しない、うわの空でぼーっとしていることが多い　など
> ●**衝動性**…待つことや我慢が苦手、思ったらすぐに行動に移してしまう、話に割り込んでくる、要求が通らないと感情が抑えられなくなる　など
> ●**多動性**……落ち着きがなくじっとしていられない、座っていても手足がそわそわ動く、いつも動き回っている、おしゃべりが止まらない　など

　これらの特性が年齢・発達に不つり合いで12歳以前からあり、園と家庭など、複数の場所で一貫して見られる場合に診断。原因はまだはっきりわかっておらず、生まれつきの脳の機能障害で、中でも脳の前頭前野にある「実行機能」という働きが弱いと考えられます。

　特性を見ると、どの子どもにも多かれ少なかれこのようなようすは見られる印象がありますが、同年齢の子どもと比べて著しく目立つ場合、ADHDの可能性を考えます。これら3つの特性が必ずすべて現れるわけではなく、

①不注意が目立つタイプ
②多動・衝動性が目立つタイプ
③すべてが見られるタイプ

の3つがあるとされています。

●発達性協調運動障害（DCD）

主な特性　※特性の現れ方には個人差があります。

●全身運動が苦手
＊寝返り・はいはい・歩くなど基本的な動きの発達が遅れる
＊動きがぎごちない、あちこちぶつかる、姿勢が崩れやすい
＊ダンスやマット運動が苦手、スキップ、なわとびができない
＊うんていやジャングルジムなどの遊具やボール運動が苦手
＊三輪車や自転車に乗れない　　など

●手先の細かい作業が苦手
＊ボタンのかけ外しやファスナーの上げ下げができない
＊物をよく落とす
＊はし・はさみ・定規など道具がうまく使えない
＊鉛筆を正しく持てず筆圧が弱い、または強すぎる
＊楽器（鍵盤ハーモニカやリコーダーなど）の演奏が苦手　　など

　筋肉や神経、視聴覚に異常がないものの、いくつかの動作を協調させて行うこと＝「協調運動」が苦手で、細かい動きから大きい運動において不器用さの目立つ状態です。このような姿が幼いころから見られ、十分に練習を行っても習得できない場合に、診断を検討します。

　生まれつきの脳の問題だと考えられていますが、原因ははっきりとわかっていません。DCDが単独で起こることは少なく、ほかの発達障害とあわせて見られることが多い障害です。手先の不器用さだけ目立つタイプや、全身運動だけが苦手なタイプなど、どちらかに極端なかたよりが見られる場合もあります。

　運動が苦手、不器用といったことは、大人になるとあまり気にならなくなりますが、遊びを中心とした子ども社会の中では、とても重要。うまく友達と遊べないだけでなく、みんなの前で恥ずかしい思いをして自信を失ってしまうこともあり、学齢期においては心の面での配慮がとても大切です。

防ぎたい「二次障害」

どうしてもしかられやすいLDのある子どもたち。
叱責の積み重ねが、新たな問題を引き起こすことがあります。

なぜ「二次障害」になるの？

　発達障害といった一次的な問題に、周囲のかかわりや状況など新たな要因が加わることで二次的に現れる問題を「二次障害」と呼びます。

　LDのある子の場合、その特性から、どうしても学習面でしかられることが多くなるため、二次障害になりやすいといわれます。

　本人は、頑張ってもうまくいかないことが多く、「なんで自分だけこんなにできないの？」と思っているかもしれません。一方の大人側は、学校の勉強がいつまでたってもできるようにならず、怠けているように見える子に、できるまでなんとかやらせようという思いが働き、引き下がれない……。その結果、叱責し続け、追い詰めてしまうこともあります。

　それに加えて、友達とうまくいかず仲間外れにあう、勉強についていけない、失敗が多い、といったことから、「何をやってもダメだ」と自信をなくしていくこともあります。

　自分を受け入れてくれない周りの人々や社会に対する怒りや不信感、うまくいかないことでの自己評価の低下などから、さまざまな行動上の問題や精神的な落ち込みが現れる心配があるのです。

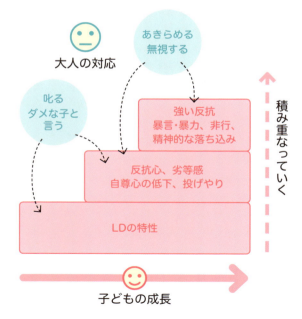

二次障害の具体的な姿

LD の二次障害として、次のような姿が見られます。

●**行動上の問題**…不登校、引きこもり、家出、強い反抗、暴言・暴力、非行、
　　反抗挑発症／反抗挑戦性障害[※]、素行症／素行障害[※]　など
●**情緒的な問題**…うつ[※]、不安症群／不安障害群[※]　など

　怒りや不満が外に向かうと、強い反抗や暴言・暴力といった形で現れ、さらに非行や反社会的行動につながってしまうこともあります。上記の反抗挑発症や素行症は、虐待との関係も深く、長期にわたって不適切な対応をされ続けることで、強い反抗、攻撃性、反社会的行動などが現れるものです。

　また、二次障害は、外に向くものばかりではありません。自己評価の低下や気分的な落ち込みが内側にたまると、うつや不安症になってしまうこともあります。

　LD があることが直接、二次障害の原因になるわけではありません。「LD の特性が理解されず、不適切なかかわりが続くと」二次的な問題が現れる可能性が高まるということなのです。

※反抗挑発症／反抗挑戦性障害…かんしゃくを起こしやすく、大人の要求や指示を無視したり拒否したり反抗的な態度をしたり、挑戦的な行動をとったりする状態。素行症の前段階的状態とも考えられる。

※素行症／素行障害…人や動物に対する攻撃性、物の破壊、うそや窃盗、重大な規則違反など反社会的行動をとる。

※うつ…一般的には、気分が沈みがちになり興味・意欲が著しく減退する。子どもの場合は、無力感・イライラ・落ち着きをなくすといった症状が目立つといわれる。

※不安症群／不安障害群…過度な不安が募り、不眠や体調不良で日常生活に支障をきたす状態。社会不安障害、パニック障害などがある。

気づきづらい二次障害

　二次障害の症状は、本来もっている姿より強く出る傾向があります。周囲の大人への信頼感をもてなくなってしまうので、本来の発達障害の特性への対応がしにくくなり、支援が進まない、という悪循環にも陥りやすくなります。

　また、発達障害があることに気づかれないまま二次障害が起きてしまうと、その行動の問題や不適応状態が、わがまま、わざとやっているととらえられ、ますます発達障害の可能性に気づきにくく、対応を難しくしてしまうこともあります。

　ただ、二次障害は予防することができます。そのためには、子どもの特性に早く気づき、適切な対応をすることがいちばんです。そうすることで、「自分のことをわかってくれる人がいる」、「認められた」という実感がもてます。発達障害があっても自己肯定感が高ければ、二次障害にはなりにくいでしょう。

家族だけで抱え込まない

　すでに二次障害が現れてしまっている場合は、家族だけで抱え込まず、学校や医療・相談機関とつながり、みんなで支援していけるようにしましょう。親自身の健康も大切です。家族会などに参加して悩みを話し合うことで、気分が楽になることもあるので、外のいろいろな機関を活用するようにしてください。

2章

子どもの困難と
大切なかかわり

LDのある子には、その特性に合わせたかかわり、
学び方が必要になります。お子さんの困難を知り、
気持ちに添ったかかわりをしていきましょう。

子どもへの
かかわりのポイント

この章では、LDのある子どもとかかわるうえで、とくに意識したいこととして、
14のポイントを挙げて解説していきます。

かかわりのポイント：1	→	何に困っているかを知る
かかわりのポイント：2	→	学習面の困難を具体的に知る
かかわりのポイント：3	→	苦手を無理強いしない
かかわりのポイント：4	→	得意な方法を見つける
かかわりのポイント：5	→	子どもの味方になる
かかわりのポイント：6	→	LDについて正しく伝える
かかわりのポイント：7	→	苦手に合わせて工夫する
かかわりのポイント：8	→	いっしょに予習をする
かかわりのポイント：9	→	「できた！」体験を多くできるように
かかわりのポイント：10	→	話すことをいっしょに整理する
かかわりのポイント：11	→	伝え方を工夫する
かかわりのポイント：12	→	家庭はリラックスできる場に
かかわりのポイント：13	→	ふだんの生活で数の概念を意識する
かかわりのポイント：14	→	学校の先生と相談する

キモチに添ったかかわりを

　LDのある子どもたちには学習面でのつまずきがあって、「一生懸命勉強しているのに成果が上がらない」と悩んでいます。そして、「努力が足りない」「怠けている」と誤解されたり、叱られたりすることで、「自分はダメなんだ」と思ってしまうことが多いのです。

　そんなつらい状態から一刻も早く救い出したい。そのためには、まず、お子さんのつまずきに気づき、思いに寄り添った支援を進めることが必要です。

　つまずきは学年が上がるごとに積み重なっていくもの。つらい思いが続くと、自分を大切にする気持ちや誇りが傷つき、「二次障害」（P.42参照）を起こしてしまうこともあります。それに、子どもたちの学校生活のほとんどは学習時間。学習でつらい思いをしていたら、学校生活が楽しくありません。

　発達障害があっても、小さい頃から周囲に理解されて育った子どもは、安定した状態で、希望をもって成長することが多いといわれています。LDのある子どもたちも、周りの理解を得て、それぞれの特性に合った支援を受けられれば、学校生活を楽しむことができるようになります。子どもたちが楽しく学校生活を送ることができるように、つまずきが大きくならないうちに気づき、理解し、対応することが重要です。

　この章では、LDのある子に対して意識したいかかわりとして14のポイントを挙げて解説しています。また、章の終わりでは、家庭で楽しみながらできる「ちょこっとトレーニング」を紹介しています。それぞれ、お子さんの姿に照らし合わせて、「いま、この子にはどんなかかわりが必要なのか」を考えてみてください。

2章　子どもの困難と大切なかかわり

かかわりのポイント：1

何に困っているかを知る

ふだんのようすをよく観察して

家でのふだんのようすを見ていて、「もしかしたら学習で困っている原因が、努力とは関係なく、ほかにあるのかも？」と思ったら、LDの可能性を考えてみてもよいかもしれません。

ただ、お子さんは、自分が困っていること、たとえば「読むのに時間がかかる」「読んでも文の意味がわからない」なんてことはほかの人にはない、などとは思いもしないので、自分だけが大変だということに気づいていません。

お子さんに「学校の勉強で何か困っていることはない？」と直接聞いてみることも大切ですが、子どもはなかなか自分の思いや感じていることをうまく言葉で伝えるのが難しいこともあります。また、努力不足と責められた経験があると「困っていることなんてないよ！」と隠すこともあります。なるべくやさしく、決して責めずに、聞いてみましょう。相談しやすい親子関係を築くことも大切です。

教科ではなく、授業で困っていることを聞きましょう

また、教科というくくりではなく、授業中や宿題で「困っている場面」はどこかと聞くことがポイントです。そして、「どんなところが苦手なの？」「どんなときに困っているの？」「なぜいやだと思うのかな？」「なぜやりにくいのかな？」「みんなより（得意なことや）不得意だなと思うことを教えて」などと、より具体的に聞いてみましょう。

たとえば、「算数が嫌い！　苦手！」と言う子は多いと思いますが、計算するときに位を間違えてしまうのか、九九が覚えられないのか、数の概念が理解できないのか、文章問題を読むことがうまくできないのか、図形問題になるとダメなのか、子どもの特性によって違います。時間があるときに、どこからどこまではわかるのか、どこでわからなくなってしまうのか、メモしたりノートに書き出したりして、つまずいた箇所をいっしょに探してみるのもいいでしょう。

困っているようすを具体的に見ていきましょう

　この本の序章や1章で紹介している、子どもたちの学校のようす。これらは、授業参観や担任の先生からの連絡などでも知ることができます。ただ、就学前に比べると、学校でのお子さんのようすを見聞きする機会はどうしても少なくなります。そこで、まずはご家族から見たお子さんのようすも含めてどんなところに苦手があるのか具体的に確認してみましょう。

　学校に関することでとくにうまくできないことはありませんか？　とくに時間のかかっていることは何でしょう？

　たとえば、
○入学後1～2か月経っても文字に興味を示さない
○読むことと書くことでは身につくスピードが違う
○家ではおしゃべりだけれど、学校ではあまり話していないようだ
○単語だけを並べて話す
○宿題（課題）にとても時間がかかっている
○話すことは問題ないのに音読がスムーズにできない
○書いた字のバランスがあまりに悪い
○先生の指示がわからない
○学校から帰ると、毎日へとへとに疲れている
○学校の話・テストの話を聞くと、いやがる
○ある教科だけ、テストの点数がひどく悪い
○計算をするときにいつまでも手指を使っている
○本を読んでいるけれど、内容を理解していないようだ

　などなど。気づいたことはありませんか？

○「困っていることはない？」と直接聞いてみる
○「つまずき」の箇所をいっしょに探す
○具体的に困っているようすを探る
✕できないことを責める

2章　子どもの困難と大切なかかわり

かかわりのポイント：2

学習面の困難を具体的に知る

具体的な困難さに注目すると、原因が見えてきます

　お子さんが学習で困っていることをさらに具体的に見ていきましょう。ひとくちに「読む」ことが苦手な子といっても、「音韻認識」が弱いために読めないのか（P.28参照）、「見る力」が弱くてうまく読めないのか（P.32参照）など、さまざまな原因が考えられます。

　具体的に見ていくことで、原因がわかってくることがあります。

　次のようなことはありませんか？

＊当てはまると思ったら、それぞれのページにある解説や対応策を参考にしてください。

●「読む」ことが苦手 ⋯⋯⋯⋯⋯⋯⋯⋯⋯⋯⋯⋯⋯⋯⋯ ➡P20、58〜61、92

☐ ひらがなの読みが覚えられない

☐ ひらがなを単語のまとまりで読めない

☐ 逐次読みになってしまう

☐ カタカナが正しく読めない

☐ ひらがな・カタカナ・漢字の混ざっている文章がスムーズに読めない

☐ 文字や行を飛ばして読む

☐ 省略したり、置き換えたりして読む（勝手読み）

☐ 似ている文字を間違えて読む

☐ 漢字が読めない

☐ 漢字の音読み・訓読みが正しくできない

☐ 音読はできるが意味の理解が難しい

☐ 拗音の読み誤りや助詞の読み誤り（「〜は」を「〜わ」と読むなど）

●「書く」ことが苦手 ──────────── ➡P21、62〜65、82〜87、93

☐ ひらがなやカタカナを覚えて書けない

☐ 拗音、促音、長音などを間違えたり抜かしたりする

☐ 濁点、半濁音、句点（。）が抜ける

☐ 助詞（〜は、〜を、〜へ　など）を間違える

☐ 文字の形が整わない・マス目からはみ出してしまう

☐ 正しい書き順を覚えられない

☐ 漢字を覚えて書けない

☐ 漢字の字形が整わない

☐ 漢字の送りがなが正しく書けない

☐ 見て書き写すことが難しい

☐ 聞いて書くことが難しい

☐ 作文が書けない

●「聞く」ことが苦手 ──────────── ➡P22、88〜90

☐ 聞き間違え、聞きもらしが多い

☐ 必要な音（先生の声、放送の音声など）を聞き取ることが難しい

☐ 聞いて内容を理解することが苦手

●「話す」ことが苦手 ──────────── ➡P23、70、71、91

☐ 単語だけで会話をする

☐ すじみちを立てて話せない

☐「てにをは」を間違えて話す

☐「あれ」などの指示代名詞や「こうやってした」などのジェスチャーが多い

☐ どう言えばよいのかわからず、話すのをやめる

2章 子どもの困難と大切なかかわり

● 「数える」ことや「計算」「算数」が苦手 ……………… ➡P24、25、66、67、76、94

☐ 数を正しく唱えられない
☐ 数を数えたり、分配したりすることが難しい
☐ 計算するときにいつまでも手指を使う
☐ 足して10になる組み合わせがわからない
☐ 足し算や引き算の意味がわからない
☐ 繰り上がり・繰り下がりの計算が難しい
☐ 10のまとまりで暗算ができない
☐ 九九が覚えられない
☐ 筆算をすることが難しい
☐ 単位が覚えられない
☐ 定規の目盛りが読み取れない
☐ 図形を書き写せない
☐ 図形の理解が難しい
☐ 文章問題の理解が難しい
☐ 時計の時刻（針）が読み取れない
☐ 数直線にある数の大小がわからない

○ 苦手な部分を細かく探る

かかわりのポイント：3

苦手を無理強いしない

「無理強い」では、効果は現れません

　お子さんの「苦手な部分」や「困難なこと」に気がついたら、おうちの方としては「苦手を克服させたい」と思うのは、ごく当たり前のことかもしれません。でも、LDの特性による困難なことは、お子さんに合わない勉強法をいくら続けても「克服」することはできません。努力や根性で克服することができないので、子どもは困っているのです。

　たとえば、もし文字がうまく書けないことがLDの特性によるものだとしたら、単に同じ文字を何回も書くような練習を繰り返しても、効果はありません。それどころか、書くこと自体が嫌になってしまい、ますます困難を増幅させてしまいます。心理的に大きなストレスになってしまうこともあります。大切なのは、みんなと同じ方法で無理に克服させようとしないこと。できないからといって叱らない、罰を与えない。その子に合った方法で取り組めるようにして、目標を達成できたらしっかりほめましょう。

「苦手」を避ける方法もあります

　もし、目の前に障害物があり、その向こう側に行きたいとき、どうしたらいいでしょうか。その障害物をお子さんが飛び越えられなかったとしたら、どうしますか？

　障害物の前に台や階段を置いてあげれば、簡単に越えることができます。障害物を避けて、ぐるっと回り込むこともできます。さまざまな方法が考えられます。目的が向こう側に行くことだとしたら、飛び越えることだけが方法ではないのです。

　お子さんの苦手やつまずき、困難な箇所が見つかり、それがLDによるものと考えられたら、おうちの方にできることは、台や階段を置いてあげること。そして、「飛び越えなくても、道具を使ったり、回り道をしたりしてもよいのだ」と考えることではないでしょうか。おうちの方がそう考えることで、お子さんのストレスはどんなに減ることでしょう。

○苦手は避けてもよいと考える　✕苦手を無理に克服しようとする

2章　子どもの困難と大切なかかわり

かかわりのポイント：4
得意な方法を見つける

自分と子どもは違う人間と受け入れて

　ＬＤのあるお子さんといっしょにいると、「どうして、できないの！」とイライラしてしまうことがあるかもしれません。勉強を見ていて、「ここをこうしたらいいのに……」と思っても、それができません。自分が簡単にできることを、子どもができないことが不思議でしかたないかもしれません。

　でも、お子さんはあなたとは違う人間です。まず、そこを受け入れてください。そして、逆に自分ができなかったことを思い出してみてください。あなたにできなかったことで、お子さんができることがありませんか？　お子さんの「できないこと」ではなく「できること」に注目すると、お子さんへの見方が変わってくるはずです。

お子さんの「得意」は何ですか？

　子どもを理解するうえで、「苦手なところ」や「困っていること」を考えるのは必要です。ただ、その一方で、できることに注目するのも大切なのです。お子さんの「得意なところ」はどこでしょう？　好きなこと、興味のあることは何でしょう？

　算数の計算、作文を書くこと、みんなの前でお話をすること……。勉強だけではありません。絵を描くこと、音楽を聴くこと、体を動かすこと、スマートフォンやパソコンの操作……いろいろありますね。お子さんの得意なところをぜひ見つけて、小さいことでも、ほめてほめて、伸ばしてあげましょう。お子さんが「得意」を自覚することも大切です。

「得意」で苦手をフォローできます

たとえば、文章を読むのが苦手でも、聞いたことはよく覚えていて忘れない子どもがいます。目からの情報より耳から得られる情報のほうが理解しやすく、記憶に残りやすいのでしょう。こうした子どもには、文字を目で読むよりも、文章を読み上げてあげるほうが、理解が深まることがあります。

また、文字や言葉の理解が難しくても、図や絵からの理解が早く、正確な子どももいます。こうした子どもには、イラストといっしょに文字や言葉を覚える方法があります。

聞く方が得意なら、文章問題を読み上げる。

見る方が得意なら、図を描きながら説明する。

このように、得意なところを見つけると、その得意なことで苦手をフォローできることがあるのです。

ただ、みんなと同じような方法で「やりたい！」、「できるようになりたい！」というお子さんの気持ちを尊重することも大切です。「あなたにはこれは無理」と決めつけた言い方はしないで、家庭では、まずは得意な方法でできることを増やしてみましょう。

2章　子どもの困難と大切なかかわり

○ できること、できたことに注目する
○ 得意なこと、好きなことを見つけ、ほめて伸ばす
○ 得意なこと、好きなことで苦手をフォローする
✗ 子どもの気持ちを考えずに決めつける

かかわりのポイント：5
子どもの味方になる

頑張っている過程を認めましょう

　LDのある子は、「苦手なこと」をなんとかしようと一生懸命頑張っています。この努力を、まずおうちの方が認めましょう。

　宿題をやるのにとても時間がかかっていたら、それだけ子どもが頑張っているということです。「すごいね」「頑張っているね」と声をかけましょう。できないことを叱るのではなく、できるように努力した過程をほめるのです。

　そしてもちろん、宿題を最後までやった、難しい問題を解けた、というようにやり遂げたときにも、おおいにほめてください。

「いつも味方だよ」と伝えましょう

　そもそもお子さんはあなたと違う人間ですから、すべてを理解するのは難しいことです。でも、いつでもおうちの方はお子さんの味方でいてください。本人が困ったら、「いつでも話を聞くから、いっしょに解決策を考えよう」と寄り添う姿勢を見せることで、子どもは安心し、何に困っているかを教えてくれ、学校の課題にも取り組みやすくなるでしょう。

〇 努力を認めてほめる
〇 「あなたの味方」であることを伝える

かかわりのポイント：6

LDについて正しく伝える

困っていることには原因があることを伝えましょう

　お子さんがLDについて聞いてきたときにはもちろんですが、できれば、子どもの年齢や理解力に合わせて、「あなたが学校の勉強で困っているのには、理由がある」ことを説明してあげましょう。そして、困らないようにするためには、「あなたなりの方法がきっとあり、その方法をいっしょに探していこう」と伝えましょう。どうしても「うまくできないことがある」、でもそれはその子が「劣っているわけではない」こともきちんと伝えます。

　子どもは、おうちの方がきちんと自分と向き合ってくれることに安心します。自分が困っていることの理由がわかることで、前向きに取り組む気持ちになることもあります。

　また、ほかの子どもと「違う」ということを負担に思うかもしれませんが、人はみんな一人ひとり違うこと、「違う」ことはとても大切なことだと伝えましょう。

　エジソンやアインシュタインなど多くの偉人や有名人もLDだったらしいと話したら、お子さんも納得するかもしれません。

ほかの子と比べるのをやめましょう

　親と子どもが違うように、子どもも一人ひとり違う個性をもった人間です。ですから、「○○ちゃんは〜ができたのに」とほかの子どもをほめて、比較するようなことは決してしないでください。子どもは自分が否定されたと思ってしまいます。

　LDのことを正しく伝えたうえで、「みんなと同じようにやる」ことを求めず、「違っていることの価値」を教えられたらいいですね。「その子らしく楽しくできる」ことを、子どもといっしょに探していきましょう。

○LDについて理解に合わせて説明する
×ほかの子どもと比べる
×みんなと同じようにやることを求める

2章　子どもの困難と大切なかかわり

かかわりのポイント：7
苦手に合わせて工夫する

読むのが苦手な子には

○読みやすい定規を作っておく

飛ばし読みをしてしまう子どもの中には、指で読む箇所を押さえ、文字を追う工夫をしている子がいます。指で文字を追ってもいいのですが、定規を当てるだけで、うまく読めるようになることも多いのです。

定規を適当な位置に合わせるのが難しい場合は、1行だけ見える窓付きシートを作って、それを教科書や本の上に当てて読むようにするといいでしょう。余裕があれば、教科書に合わせて、横書き・縦書き用の2種類を作ったり、文字の大きさによって、いろいろな幅のものを用意しておくといいでしょう。

窓付きシート
厚紙で作る
教科書に合わせて何パターンか作っておくと便利。

○文節や言葉のまとまりごとに、区切りを

1文字ずつたどたどしく読む「逐次読み」が多い場合は、教科書の文章を、文節や言葉のまとまりごとに、わかりやすくマーカーで区切りを入れておくと、言葉のまとまりを意識しやすくなります。子どもの前で実際に音読しながら、区切りを入れていくといいですね。

文節を区切る
区切りを入れると読みやすい。

○絵本で読む楽しみを

　音読の練習として、絵本を使うのもおすすめです。絵をヒントに内容をイメージできるため、音読することで、文字と音と意味のマッチングができます。絵本は、文字が大きく、1ページに入っている文章量が少ないので、読みやすく、文節ごとにスペースを設けて書かれているので、少しずつ、文節のまとまりを意識した読み方が身についていきます。

　すらすら読める本が1冊でもあるということが大切です。お子さんの好きな絵本が見つかるといいですね。

絵本で練習

スペースがあるので、文節のまとまりがわかりやすい。

○読めない漢字には読みがなを

　読めない漢字には読みがなを書いておくと、つまらずに読めるようになる子どももいます。できれば、子どもが自分で書き込むようにするとよいでしょう。

○PCやスマホの読み上げ機能を活用する

　パソコンやスマートフォンのアプリケーションに「読み上げ機能」があります。おうちの方が代読してもよいのですが、いずれ自分だけでも学習ができるように、この「読み上げ機能」を使って家庭で学習をしてみましょう。

○タブレットの機能や設定を工夫する

　2020年度からタブレット端末などを利用する「デジタル教科書」の小中高校での導入が始まりますが、タブレットを使って読むなら、自分なりに読みやすくする工夫ができます。先の「読み上げ機能」のほか、文字を拡大してくれるもの、読みやすいフォント（字体）や色に変えられるもの、ハイライトといって読む箇所を部分的に明るくしてくれる機能などがあります。お子さんに合う機能や設定を探してみましょう。

○オンライン図書を利用する

　学年が上がると、多くの文章を読んだり長い文章の内容を理解する必要も出てきます。また、子ども自身も「長い文章を読みたい」という気持ちになってくるでしょう。そんなときには、デイジー（DAISY）図書やAccess Reading（アクセス・リーディング）を利用してみましょう。オンライン図書は、パソコンの画面で、本の文章と音声をセットにして再生できるように加工した図書で、読む箇所がハイライトになって見やすくなる工夫がなされたものもあります。教科書にも対応していて、無償で手に入れることができます。

○ぴったりのアプリを探そう

　タブレット端末用のアプリケーションには、読書支援のためのものがさまざまあります。価格も以前に比べて安く手に入れることができ、無料のものもたくさんあります。新しいものがどんどんできてきているので、気軽に試してみましょう。

○読みやすい明るさや色に

　PCやタブレット端末の画面自体も、明るさや色が変えられるので、お子さんに合わせて読みやすい明るさや色を見つけましょう。明るくはっきりしたほうが見やすい子もいれば、光に敏感で暗くしたほうが疲れない子もいます。

　紙の場合も同じように、読みやすい紙の色や明るさがあります。色のついたフィルターを使ったり、読みやすい色の紙にコピーしたり試してみましょう。

- 行ごとに読みやすい定規を作る
- 文節や言葉のまとまりに区切りを入れる
- 漢字に読みがなをふる
- 絵本で練習する
- PCやスマートフォンのアプリケーションを活用する
- 読みやすい紙や画面を工夫する

書くことが苦手な子には

○粘土遊びで形をとらえるコツをつかむ

　文字がうまく書けないことがLDによるものだとすると、単純に同じ文字を何回も書くような練習を繰り返しても、あまり効果はありません。

　書く練習をする前に、まず形のとらえ方のコツを教えることから始めてみましょう。

　粘土を使って見本と同じものを作ったり、線に沿って粘土を載せたりすると、線の位置や方向、重なり部分のイメージがつき、全体をとらえたり、形を覚えたりしやすくなります。

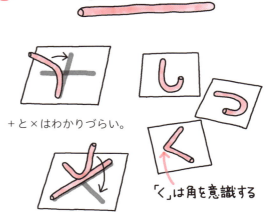

＋と×はわかりづらい。

「く」は角を意識する

粘土でヘビを作り、下書きに合わせて載せていく。慣れたら文字でもやってみよう。

○指でなぞったり「空書き」したりして、手の動き（筆順）を理解する

　大きめな文字に一画ずつ色の異なるドットシールを貼ったものを用意します。それを子どもが指でなぞると、手の動かし方（筆順）がわかりやすくなります。

　また、「空書き」といって、手で空中に文字を書くこともおすすめです。筆順どおりに、なるべく大きく手を動かすようにすると、鉛筆を操作するのが難しい子どもが一筆ずつ意識するのに効果的です。

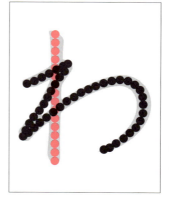

一画目は赤のシール、二画目は青のシールというように、一画ずつ色を替えて。シールは子どもが自分で貼っても。

○ノートの工夫で書きやすく

　実際に文字を書くときには、字の形をわかりやすくする工夫を考えましょう。
　まずは、なぞり書き。練習帳やドリルとしてさまざまなタイプが市販されているので、子どもに合ったものを選んで活用するとよいでしょう。文字の大きさがバラバラで、マスからはみ出すという場合は、1行8マスから4マスのものにするなど、1マスが大きめのノートに代えてみましょう。また、マス目の枠線をなぞって太くすると、境界線がはっきりしていいでしょう。
　ひらがなも、パーツを意識して書くようにすると、きれいに書けることがあります。
　練習用の教材として、段ボールをくりぬいて枠を作り、その中に書くようにするのもいいでしょう。はみ出しそうになると、鉛筆が枠に当たるので、意識できます。
　さらにマス目が4分割されているノートを使うと、文字を左右、上下のパーツでとらえることができるので、わかりやすくなります。漢字の偏と旁はもちろんですが、ひらがなも、パーツを意識して書くようにすると、きれいに書けることがあります。

2章　子どもの困難と大切なかかわり

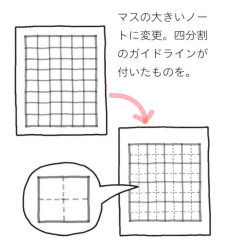

マスの大きいノートに変更。四分割のガイドラインが付いたものを。

段ボールで作った枠。はみ出しそうになると鉛筆が当たるので、意識できる。

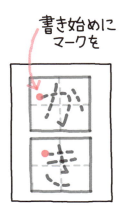

書き始めにマークを

○ICTを活用する

・音声入力アプリを使う

　PCやタブレット端末には、音声をテキストにしてくれるアプリケーションもたくさんあります。思いついたことを音声で入力して、メモ代わりに使うこともできます。

・キーボードで入力する

　紙に書くよりもキーボードを打つほうが楽な子どももいます。入力しやすい入力設定やキーボードを探して、入力の練習をしてみてもいいでしょう。

○板書を写真に撮る

　板書をノートに書き写すのが苦手だったら、学校の先生に相談して、黒板の文字をデジタルカメラやタブレット端末で撮影させてもらうことも考えましょう。

○筆記用具を選ぶ

　芯のやわらかさや、にぎりやすいグリップ（握り手部分）のものを選ぶことで書きやすくなることがあります。実際に試してみて、お子さんの使いやすい筆記具を探しましょう。

漢字が苦手な子には

「山の上に着くと、急に目の前が開けた」の文章を読む子。正確に読めなくても、意味を聞くと理解している。

○漢字は「意味」を最優先に

漢字の学習は、「漢字を見て意味がわかること」を最優先にします。次に「読めること（音読ができること）」、それから「漢字が書けること」という手順で、「読み」と「書き」に分けて取り組みましょう。

まず、正確な読みができなくても、漢字を見て意味がわかったら、よしとします。

○楽しみながら漢字を理解する方法も

さまざまな遊びから漢字の「意味」を理解することができます。たとえばイラストや写真のカードを使って、カテゴリーに分けることで漢字の意味を覚えるという方法があります。

そのほか、漢字を分解して、いくつかの「部品」に分け、それを組み合わせることで漢字を作るという方法も。パズルのようで、楽しく覚えることができます。また、それぞれの「部品」として名前をつけたり、声に出して書くことでより覚えやすくなります。（P.93参照）

○ICTを活用する

漢字の「筆順アプリ」などのアプリケーションも活用してみましょう。紙に鉛筆で書く負担感がなく、また正誤を人ではなく機器が行うので、恥ずかしくないという子もいます。

○漢字は意味を最優先に覚える
○漢字を分割して覚える
○ICTを活用する

2章 子どもの困難と大切なかかわり

算数が苦手な子には

◯指に代わる物を使って数を数える

　数を数えるときに指を使う子どもは、自分なりに解くための工夫をしていると考えられます。無理に指を使うことをやめさせたり、計算を覚えさせるのではなく、指に代わるものも提案してみましょう。たとえば、タイルや100玉そろばんなどがあります。

◯マス目のあるノートを使って計算

　「見る力」に問題がある場合、筆算で計算するときにケタを揃えて書くことが苦手な子どもがいます。ケタが揃ってないので、繰り上がりや繰り下がりを間違えてしまうのです。

　マス目のあるノートを使って計算すると、間違いが少なくなります。

　また、かける（×）と足す（＋）の記号を見誤ったりしないように、それぞれのマークを囲んだり、マーカーで印をつけるようにすると、間違いが少なくなります。

◯補助線や矢印を引いて

　マス目のあるノートを使っても間違えたり、計算の方向がわからなくなってしまう子には、補助線を引いたり、計算の順番にそって方向を示す矢印を書いてあげたりしましょう。グラフがうまく読み取れない子にも、定規で補助線を書いてあげると読み間違いが少なくなります。

ケタをそろえるための補助線

計算の方向を示す矢印

○九九の表を自分で作る

「聞く力」の弱い子どもには、「はっぱろくじゅうし」というような暗記方法より、「はちはちろくじゅうよん」など通常の数字の読み方で覚えたり、表を作って自分で書き入れたりする方法がおすすめです。

○文章題を絵や図で本人がイメージしやすいようにする

文章題では、文章から内容のイメージができない場合には、本人がイメージしやすい絵にすることが有効です。また、内容を整理して式にすることが苦手という場合は、文章の数の変化を絵や図にして見せ、そこから何算になるかを一緒に考えましょう。

- ○マス目のあるノートを使う
- ○補助線や矢印を書き入れる
- ○指に代わる物を使う
- ○九九は自分に合った表を作って覚える

かかわりのポイント：8
いっしょに予習をする

不安なく授業に臨めるように

とくに低学年のお子さんには、大人がいっしょに予習をすることが大切です。ある程度授業内容がわかっていれば、教室でも余裕をもっていられますし、「これはできる！」という自信をもつことができます。

たとえば、
○次の単元に出てくることば（漢字や熟語）の読みや意味を予習しておく。
　（文章中の単語をカードにしておく方法も）
○次に習う単元を大人が読み聞かせ、登場人物や話の筋など、内容を理解しておく。
○漢字の読みは、学年にかかわらず、先取りして教えておく。
　（「書き」に関しては、1、2年後に再確認してもOK）
○教科書の「基本問題」を1問だけ解けるようにしておく。

親子で準備をしましょう

教科書は、時間があれば、まず大人が読み、次に大人と子どもがいっしょに読む、そして大人と交代で読むようにするといいですね。58ページのように、読みやすくなるような工夫をしたり、読めない漢字に読みがなを書いておいたりするのもよいでしょう。

○いっしょに授業の予習をする

かかわりのポイント：9
「できた！」体験を多くできるように

目標の立て方を考えましょう

たとえば「1か月で1冊の本を読む」という課題は、読み書きに困難のある子どもにとってとてもつらく高い目標です。でも、毎朝、おうちの方といっしょに1ページずつ絵本や短いお話を読むという目標なら、なんだかできそうですね。

このように、最初から高い目標を掲げるのではなく、目標を細かく分けて、小さな目標を達成する体験を積み重ねていき、最終目標に近づいていくことを「スモールステップ」といいます。

「スモールステップ」でたくさんの成功体験を

学校の課題を手伝ったり予習をいっしょにするときは、このスモールステップを利用してみましょう。そして、その階段（ステップ）をひとつ登ったら、しっかりほめてあげましょう。こうして積み重ねられた達成感や成功体験が、子どものやる気と自尊感情を高めるのです。

これは、とくにワーキングメモリ（P.34参照）が弱い子どもに有効な方法です。作業ごとの目標を失敗させないものにすることが大切です。

- 成功体験をたくさんさせる
- たくさんほめる

かかわりのポイント：10

話すことをいっしょに整理する

たくさん話を聞いてあげましょう

　ふだんの生活の中で、その日にあったことや思ったことなど、お子さんの話をたくさん聞いてあげましょう。人前で話すことや作文が苦手でも、大人が相づちをうつときに子どもの言ったことをさりげなく言い直したり、いっしょに内容を整理したりして、文章のルールを覚えていくことで、主語が抜ける、支離滅裂になるなどの問題は目立たなくなってきます。

　たとえば、その日学校であった喜怒哀楽（うれしかったこと、怒ってしまったこと、悲しかったこと、楽しかったこと）を、聞いてみましょう。学校のようすがわかり、得意・不得意もわかってきて、学習方法を見つけるきっかけにもなるでしょう。

メモをいっしょに作りましょう

　話したい内容を項目ごとに分類して文章を作っていく方法があります。
　まずは、①いつ？　②どこで？　③誰が？　④何を？　⑤どうした？⑥なぜ？（どう思う？）など、具体的に一つひとつ話を聞き、付せんなどのメモにそれぞれの項目の内容を書いていきます。このメモを順番に並べ、つなげて読んでみましょう。

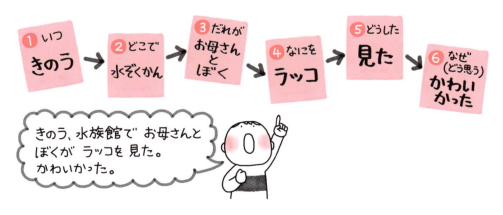

メモリーツリーを作ってみましょう

　「メモリーツリー」を作るという方法もあります。これは、重要な言葉を中心に、それと関係するキーワードを連想ゲームのように書き出してみるもの。暗記法として使われることが多いのですが、「話すこと」や作文が苦手な子には、話したり内容を整理したりするのに、もってこいの方法です。また、語彙を増やすにも効果的です。書き出すのが大変だったら、想定される言葉を大人がメモに書いておいて、子どもがツリーを作ってもいいでしょう。

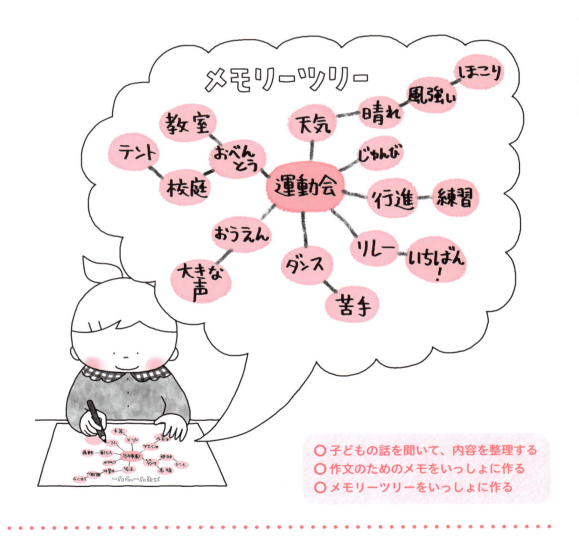

- 子どもの話を聞いて、内容を整理する
- 作文のためのメモをいっしょに作る
- メモリーツリーをいっしょに作る

2章　子どもの困難と大切なかかわり

かかわりのポイント：11
伝え方を工夫する

目で見てわかる工夫を

　聞くのが苦手で、見るのが得意な子どもには、文字や絵をかいて説明するなど、理解しやすくする工夫をしましょう。また、聞き取りの苦手な子の中には、多くの人がいる所や騒がしい場所では、聞きたい音が聞き取れなくなってしまう子もいます（LDの特性というわけではありません）。1対1で面と向かって話したり、確認をしたりすることが必要です。

一度にいくつかの要件を話さない

　ワーキングメモリ（P.34参照）の弱い子どもは、一度にいくつものことを覚えられません。子どもに要件を伝えるときは、長い文章や一度にたくさんの項目を入れず、短く簡潔に、具体的に話すようにしましょう。

　たとえば、「食事が終わったら、歯をみがいて、お風呂に入ってね」と言うと、お風呂に入ってしまう子がいます。でも食事が終わったら「歯をみがいてね」、歯をみがいたら「お風呂に入ってね」とひとつずつ伝えれば何の問題もありません。

　また、遠回しな表現やあいまいな表現も避けるようにしましょう。たとえば「後でね！」というと、子どもは「後」とはいつのことだろうと混乱してしまいます。

毎日おうちですることで、見通しをもたせたい場合は、やることの絵と文字をマグネットシートに書いて貼るとよい。終わったら取り外すことで「次」が明確になる。

否定ではなく、肯定的な言葉で伝えましょう

「○○はダメ！」という否定の言葉は、子どもが自分自身を否定されたという誤解を生んでしまいます。

たとえば、靴を玄関で脱ぎ散らしたとき、「脱ぎっぱなしはダメでしょ！」と言われると、いけないことはわかっても、どうしたらよいのかわからないことがあります。「こうしてそろえておこうね」と実際にやって見せると、どうすればよいのか理解できます。

「○○はダメ！」という否定的な言葉を、「○○してね」「○○しよう」と意識的に肯定的な言葉に置き換えるようにしましょう。

ほめるときは、ハードルを下げましょう

ほめるときは、どんなに小さくても目標が達成できたら、すぐにほめてあげましょう。

「さすがだね」「やったね」という短い言葉でいいのです。ほめることのハードルも意識的に下げて、できれば具体的に、タイミングよくほめてあげることです。

もし、注意することがあったら、これも具体的に。「ダメでしょ」という言葉だけでは、「何がダメなのか」わからないことがあります。「○○をしましょう」とはっきり肯定的な言葉で伝えてください。

○ 目で見て伝わる工夫をする
○ 肯定的な言葉を使うように心がける
○ 注意は具体的にはっきり
✕ 一度にいくつも話す
✕ 否定的な言い方をする

2章　子どもの困難と大切なかかわり

かかわりのポイント：12
家庭はリラックスできる場に

「早寝早起き」の習慣を

　ご家庭でできることでいちばん大切なのは、お子さんがしっかり休んでしっかり栄養をとるようにすることです。とくにLDのある子どもたちは、毎日疲れて学校から帰ってくることが多いのです。朝はきちんと早く起き、決まった時間にしっかりバランスのよい食事をとり、夜は早めに床についてぐっすり眠ることが理想です。成長ホルモンを分泌させ、脳細胞を修復させるためにも、大切です。

「ほっとできる場所」がいちばんのクスリ

　学校での学習に困難を抱える子どもたちは、毎日毎日苦手な勉強に頑張って取り組んでいます。そんな子どもたちには、おうちという「ほっとできる」場所があることが大切なのです。
　食事のときや家事の準備のとき、学校であったことや友達のことなどなど……、お子さんが話すまま聞いてあげましょう。積極的に話してこないときは、つぶやきなどに耳を傾けます。「いつでもあなたのことを知りたいと思っているよ」というメッセージが伝わっていればよいのです。

積極的にお手伝いをお願いしましょう

　家事には、「目的を理解して、方法を考える」「体を思う通りに動かす」「道具の使い方を覚える」「時間の配分や順序を考えたり、覚えたりする」など、学習にも必要なたくさんの要素が入っています。

　食器洗いやお風呂そうじ、洗濯物の片づけなど、できそうなことからひとつを選び、そのことをずっと任せるようにします。最初は、おうちの方が楽しそうにしてみて、「やってみる？」と誘いましょう。

　指示を出すときは、「いつものようにお願い」などではなく、「棚の上から3番目に、こうやってしまって」など、具体的に言うことも大切です。

　初めはうまくいかず、つい口を出したくなりますが、そこはがまんがまん。うまくいかなくても、失敗してもけがさえしなければOKという気持ちで、最後まで任せてみましょう。

　そして、ひとつのことが終わったら、うまい・へたはともかく、頑張ったことをほめましょう。もちろん上手にできたら、またそのときにほめ、みんなのために役立っていることを伝えましょう。

○ 十分な睡眠と栄養をとる
○ ほっとできる環境を提供する
○ 家事の手伝いを頼む

2章　子どもの困難と大切なかかわり

かかわりのポイント：13
ふだんの生活で数の概念を意識する

1対1対応ができるか確認してみましょう

そもそも「数」の概念がわかっているかどうか、1対1対応ができるかを確かめる方法があります。たとえば、
・家族のランチョンマットに1つずつ茶碗や箸などの食器を置く
・仕切りのある菓子箱1つの枠に1つずつお菓子を詰める
といったことで確認ができます。

また、並んでいる物を指さしながら、「1、2、3、……」と数える練習をしてみましょう。これも、物と数の1対1対応です。5、6歳で10までできることが1つの目安となります。

ふだんの生活にも「数や量」を取り入れて

ふだんの生活の中に、数や量の概念を意識的に取り入れていきましょう。
遊びやお手伝いの中で、「3個持ってきて」「1個ずつ配って」「コップに半分水を入れて」と声をかけたり、テレビや絵本を見ながら「犬の赤ちゃんは何匹いたかな？」「5つの宝物を持っているんだね」と言ったりして、意識的に数を入れていくのです。
お金の計算も数の概念を身につけるのに有効です。実際に買い物にいっしょに行って、支払いをしたり、おつりを数えたり……。子どもの好きなことから、数への興味が広がっていくといいですね。

○ 数の概念がわかっているか確認
○ 日常生活に数や量を取り入れる

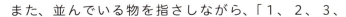

かかわりのポイント：14

学校の先生と相談する

2章 子どもの困難と大切なかかわり

取り入れてほしい支援があるときは

　授業中のさまざまな配慮や支援について効果的だとわかっていても、先生やクラスでの理解がないと取り入れるのは難しくなります。まずは、担任の先生になぜその支援が必要なのかをきちんと話し、互いが納得のうえで取り入れられるようにしましょう。

●板書・連絡帳

　書くことが苦手なLDの子どもにとって、授業中、黒板の文字を書き写すのはとても大変なこと。書くことに精一杯で、大切な学習の内容がまったく頭に入ってこないということも。あらかじめ要点をまとめたプリントを用意してもらうなど、どんな工夫ができるか、先生と相談してみましょう。

　また、書くことの苦手な子どもが学校で困ることとして、連絡帳があります。その日の連絡事項を先生が黒板に書き、それを自分で連絡帳に書き写すということをしますが、これも連絡事項を書き出したものをコピーして配るということができそうなら、お願いしてみましょう。

　相談するなかで、これはクラスのみんなにとっても助かる工夫だとわかって、一人のためだけでなく、クラス全体への取り組みになったという例もあります。

●必要なものの持ち込み

　最近は、ICTを使った学習方法が増えています。タブレット端末など、お子さんが学校で学ぶのに必要なものがあったら、学校での使用を許可してもらえるようにお願いしてみましょう。その際、「授業で板書をとるとき以外には使わない」など、使用に当たっての約束ごとをきちんと決めておくことが大切です。

　なお、使用に当たっては、授業に必要な使い方をお子さんがマスターしていること、または使い方も含めて教えてもらえることが前提となります。

●刺激を減らす環境

　LDのある子には、感覚にかたよりのある子も多いようです。たとえば聴覚過敏のある子は、わずかな雑音が大音量に聞こえて先生の声が聞き取れないとか、視覚過敏で蛍光灯のちらつきが気になるなど、人知れず大変なつらさを感じていることもあるのです。そうした感覚のかたよりによる困難があることを具体的に説明し、授業に集中しやすい席の位置の工夫や、雑音を減らすイヤマフや色つきレンズの眼鏡の使用など、希望を伝えてみましょう。

●宿題の内容や評価のしかた

　多くのLDのある子どもたちは、その特性に合わせた工夫や支援があればクラスの中でいっしょに学べるのですが、たとえば書くのに困難がある子の場合、同じ漢字を何度も書くなど、ほかの子どもと同じ学習方法では効果が出ないこともあります。お子さんの特性を話し、宿題の内容や評価のしかたを考えてもらえないか、相談してみましょう。

漢字の練習ですが、うちの子の場合……

宿題の内容をご相談したいのですが……

先生への伝え方に配慮しましょう

「この支援は絶対に効果がある」「いますぐにでも取り入れるべき」といった思いが強いと、つい、一方的なお願いになり、相手が引いてしまったり、かえって伝わりにくくなったりしてしまうことがあります。実際、先生に相談するときは、相手がどう受け止めるか考えたうえで伝え方に配慮することが大切です。

●子どもの特性を話すことから

実際の授業での工夫については、学校の先生がノウハウをもっています。保護者としては、いきなり具体的な指導法を提案するより、「うちの子、文字や形はぱっと見て覚えてしまうのですが、文章を読んで理解するのが苦手で」というように、子どもの特性を具体的に話すことから始めてみましょう。すると、「そういえば、文章問題だけ苦手なようですね。見るのが得意なら、文章問題も図を書きながら説明するといいかもしれませんね」など、前向きなアイディアをもらいやすいでしょう。

●批判や非難に思われないように

学校にお願いするときには、たとえば「Aさんとは別のクラスにしてほしい」などという要望を押し通す言い方ではなく、「うちの子は、たたみかけるようなような話し方をする子が苦手なようなのです」と、子どもの特性を話して相談するという姿勢が大切です。決して非難めいた言葉は使わずに、求めている配慮は決してクラスに不公平感をもたらすものではないので、子どもの学びたい気持ちを支えてほしいという態度で接すれば、先生もきっと応援してくれるでしょう。

なお、専門機関に協力をお願いすることもできます。専門機関やサポート機関については、3章で詳しく紹介しているので参考にしてください。

○ 子どもに合った支援は何か、学校の先生といっしょに考える
○ 相手のことに配慮した伝え方を心がける

Column
アルファベットの読み・書き

　英語圏では10％以上と言われる読み書き障害。英語が母語でない日本では、さらにその割合が高まることがわかるでしょう。

　「読む」場面では、bとdの区別がつかない、同じ「a」が入っている単語でも、前後のつづりによって読み方が変わる、などにつまずく子がいます。

　「書く」場面では、アルファベットの上下・左右が反転していたり、文字と文字、単語と単語の間隔がうまくとれなかったりといった困難が見られます。

　そのような場合、読み書きしやすいフォントや補助線を工夫したノートを使ったり、書くときの手の動かし方が共通するアルファベットをまとめて練習したりすると、読み書きを習得する際の困難さを和らげることができます。

　ひらがなでも、教科書体といって教科書に使われているフォントでないと読むのに戸惑う子がいたり（例えば、「さ」と「さ」など）、ひらがなをあいうえお順ではなく、「く」や「し」などから習ったりすることがありますが、それと同じことです。

　ちなみに、豪州教育省の『手書き文字の手引き書』には、「指導者は見本文字を正確に書き写すことを子どもに強いてはいけません。本書の目的は、効果的な動きを身につけることであり、見本の形の模写をさせることではありません」とあります。日本でも、文化庁の答申の中で、漢字に関して「とめ・はね・はらい」の正確さまでを求める必要はないとされています。日本の教育現場では、特に文字の形や書き順の「正確さ」を求める傾向があるように思われますが、本来はもっとおおらかでよいのです。

※2020年度から小学校5、6年生で英語が教科になります。読み・書きも行われますが、まずはコミュニケーションを豊かにし、英語の学習を楽しむということを大切にしたいですね。

> やってみよう！

おうちでちょこっとトレーニング

ここでは、おうちで遊びながら「見る」「聞く」「話す」「読む」「書く」「数」を
テーマにした遊びをいくつか紹介します。

はじめに……
ちょこトレを進めるときのコツ

①少しずつトライする

　これから紹介する遊びのうち、どれか1つ、好きなものを選んで、できる範囲で試してみてください。1回やってみて、お子さんがまたやってもよさそうな様子であれば、続けて取り組んでみましょう。毎日が難しければ、1週間に1～2回でも構いません。続けてみて、効果があるようでしたら、それがお子さんの困っている要因の1つかもしれません。

②楽しい気持ちで取り組む

　お子さん自身が興味をもって行うことが大切ですから、決して「強制」にならないように注意してください。意欲や興味を失っていないか、お子さんのようすを見ながら、時間を短くしたり、アレンジしたりしても構いません。

③効果をすぐに期待しない

　お子さんの特性をなくすことが目的ではありません。困っている理由を考えたり、日々のつらさが少しでも緩和されたりするといいなと思ったりしながら、ゆったりとした気持ちで取り組んでみてください。

> 2章　子どもの困難と大切なかかわり

〈見る力を高めるあそび〉

目の体操 ※斜視など眼科的な問題がないか事前に確認してみてください。

> **用意するもの**
> 棒（鉛筆やストローなど）の先端に、約1cmの丸くて目に近づけても危なくない形状の物を付ける。子どもの好きなキャラクターの消しゴムなどでもよい。付ける物を変えて、計2本用意する。

●寄り目

　子どもの目の高さの正面40〜50cmの位置に先端がくるように、大人が棒を1本持つ。
　「頭を動かさないようにして、〇〇（棒の先のキャラクター）をしっかり見続けるように」と声をかけてから、棒をゆっくり両目の中心に向けて近づけていく。5cmくらいまで近づいたら、ゆっくり離していく。何度か往復をして、黒目がスムーズに動くか確かめる。

●ゆっくり動かす

棒を子どもの目の高さに保ったまま、ゆっくり左右に動かし、数回往復させる。次に両目の間を中心にして、上下、両斜めにゆっくり往復させる。子どもの黒目がキャラクターをしっかり追えているか確かめる。

●素早く動かす

棒2本使う。大人が、2本の間を30〜40cm離して持ち、キャラクターの名前を交互に言うのに合わせて、子どもが素早くそのキャラクターを見るように伝える。棒の場所を変えたり、目からの距離を変えたりしてやってみよう。

> **ポイント**
> ●子どもは、なるべくリラックスし、両足を肩幅に広げて立って行う。
> ●顔を動かさないで、目だけで追うように伝える。
> ●キャラクターを目で追えないようなら、指で触って行う。

アレンジ
- 棒の代わりに、指を使ってもOK。指先に異なるはっきりした色を塗ったり、顔をかいたりしても楽しい。
- 動画を撮っておくと、うまくできているか自分で確かめたり、表情の変化を楽しんだりできる。

2章　子どもの困難と大切なかかわり

〈見る力を高めるあそび〉

ボールをキャッチ

●コロコロ・キャッチ

子どもと大人が机に向かい合っていすに座る。大人が自分の側から転がしたボールを、子どもは頭を動かさないようにして目で追い、手でキャッチ。左右交互にやってみる。

●コロコロ・ストップ

子どもはいすに座る。大人が転がしたボールを、頭を動かさないように目で追い、足元に来たタイミングで、足で止める。左右交互にやってみる。

アレンジ

・慣れてきたら、立って同様のことを行う。バランスをとるのが難しくなり、難易度がアップする。

●バケツでキャッチ

大人と子どもが立って向かい合い、大人が投げたボールを子どもがバケツで受け取る。

ポイント
●バケツの中でボールが跳ねて落ちてしまう場合は、バケツの底にタオルなど敷くとよい。

積み木で作ろう

●同じ形の積み木を探そう

シンプルな形の積み木を2組ずつ用意し、テーブルに並べる。その中から大人が1つの積み木を選び、子どもは同じ形の積み木を探す。

●間違い探し

積み木を数個積んで形を作った後、1人が目をつぶる。その間に、もう一人が積み木を1つ追加し、どこが追加されたかを当てっこする。

●同じ形を作ってみよう

大人が積み木を使って1つの形を作り、子どもはそれと同じ形を作る。

アレンジ
- 手芸用品のモールや針金を使ったり、人形を使って同じポーズをとらせたりして遊んでから始めてもよい。
- プラスチックやマグネットの平面図形パズルで代用してもOK。大人が作った見本の輪郭を鉛筆でなぞり、一つひとつの形を隠して、輪郭だけを見せるようにすると、難易度がアップする。

〈見る力を高めるあそび〉

めいろドンジャン

　にょろにょろ、ジグザグ、一回転など、いろいろな形の入った「1本線」を紙にかく。

　大人と子どもが向かい合って座り、「よーい、ドン！」で両側から指で線をたどっていき、ぶつかった所で、じゃんけん。負けた方は元に戻って再スタート。先に相手のスタート地点にたどり着いた方が勝ち。

ふたりあみだくじ

　画用紙に「あみだくじ」を書く。大人と子どもが向かい合って座り、それぞれ1か所を選んで、「よーい、ドン！」で互いにペンでたどっていく。出会えたらラッキー。

ポイント
- 正解がないので、間違えることを心配しないで遊ぶことができる。
- 交わっている所を少なくすると、比較的簡単に線をたどることができる。
- 数回繰り返す場合は、一回ごとに、たどるペンの色を変える。

アレンジ
- 利き手と逆の手でもやってみよう。
- 子どもが自分の右手と左手でそれぞれの端からスタートして、両手の指がぶつかるまでの時間を測るのも面白い。

隠れた言葉さがし

　アトランダムに並んだ文字の中から、指定された言葉を探す。下のようなワークシートを作ってもよいし、市販の「シークワードパズル」を使っても。

い	の	し	し	よ	と	ぱ	ん	だ	わ
ぬ	や	て	ん	り	き	は	か	む	ん
で	あ	ら	ん	さ	き	ま	ぴ	し	こ
て	ぽ	め	ず	う	ぶ	ま	ば	ぺ	ね
る	う	ま	ち	と	さ	ゆ	ら	り	お
ら	ず	ど	ー	せ	ぐ	ぎ	ち	て	み
く	か	ぞ	た	い	せ	ら	い	お	ん
だ	う	ぺ	ー	み	さ	る	え	か	ま
く	み	し	さ	う	ん	ん	ろ	り	そ
ら	り	ご	た	し	ち	ぐ	す	ね	の

2章

子どもの困難と大切なかかわり

ポイント

●探す言葉を表の近くに書いたり、ヒントになる絵を添えたりしておくと、取り組みやすい。

●「動物」など、指定する言葉に関連性があると探しやすくなる。上の図の場合、「いぬ・いのしし・うさぎ・うし・うま・かぴばら・きりん・ごりら・さる・ぞう・ねこ・ぱんだ・らいおん・りす」がある。

●読む方向は、縦・横・斜め・下から・左からと、さまざまあるが、最初は大人がどの方向から読むか指定したほうが、子どもは探しやすい。

アレンジ

・数字でシートを作り、「2と5」や「20〜29」などの数を探すルールにする。

〈聞く力・話す力を高めるあそび〉

かるたで聞き取り

　子どもが聞き取りづらい音がある場合には、それらの入っている言葉を中心にかるたをする。たとえば、「さ行」が聞き取りづらい場合、「さ・し・す・せ・そ」の入った言葉（さくらんぼ、おすし、すいか、せみ、そら　など）の絵カードを用意。

　絵カードを並べ、かるたのようにして遊ぶ。2枚から始め、少しずつカードの枚数を増やしていく。間違えやすい物を混ぜると、難易度が上がる（「そら」と「とら」、「すいか」と「いか」など）。

ポイント
- 子どもも繰り返し言いながら、カードを探すようにすると、文字と音をマッチングする練習になる。

伝言ゲーム

　大人が小声で物の名前を子どもに伝え、それを別の大人に小声で伝える。最初と最後の人が「せーの」で名前を言って答え合わせ。

ポイント
- 慣れてきたら、一度に言う単語の数を増やしたり、文章にしたりしてみよう。

リピートしりとり

「バナナ」→「バナナ」・「ナシ」→「ナシ」・「シカ」→「シカ」・「カラス」など、前の人の言葉を一度繰り返し、その後自分の考えたしりとり言葉をつなげて言う。最後に「ん」がつく言葉を言ったら負け。

買い物ごっこ

いろいろな物の絵カードを並べておき、大人が子どもに「バナナとリンゴとイチゴを買ってきて」など買い物を頼む。

子どもはその伝言を覚えて、言われた物のカードを探してかごに入れる。カードではなく、おもちゃなど実物を使っても。

ポイント
- 言葉で覚えるのが難しい場合は、初めに写真や絵カードで確認してから行う（映像として見たほうが、記憶しやすい子もいるので）。

2章 子どもの困難と大切なかかわり

〈聞く力・話す力を高めるあそび〉

旗あげゲーム

赤と白の旗（ハンカチでも）をそれぞれ左右の手で持ち、大人の声かけ（「赤上げて」「赤下げて、白上げて」「白下げないで、赤上げる」など）に従って、子どもは自分の旗を上げ下げする。

ポイント
- 日頃、左右の指示がパッと理解できない子には、色の代わりに「右（左）上げて（下げて）」の指示でやる。

アレンジ
- 片足ずつ色の違う靴下をはき、足でやってみよう。両足首に鈴をつけて、動かさない方の足の鈴を鳴らさないというルールを追加すると、バランスを取る必要があるので、ゲーム性がアップする。
- 慣れてきたら両手・両足を使って、「『右手』『左手』『右足』『左足』を上げて」で、やってみよう。ボディイメージをもちやすくする効果もある。

スリーヒントクイズ

「これは丸いものです」「これは赤いです」「これは食べられます」など３つのヒントを出して、子どもが「りんご」などと答えるゲーム。市販の「スリーヒントカード」を使ってもＯＫ。

アレンジ
- 大人が、ある物を１つ絵に描く。子どもは、「それは食べられますか？」「それは果物ですか？」「それは赤いですか？」などと質問していき、答えがわかったところで、「それはりんごですね」と当てるルールにしても（正解したら、大人はカードを見せる）。

ニュースキャスターになろう

　子どもがニュースキャスターになってニュースを読み上げ、なるべくたくさんの人が視聴者になる。ニュースの内容は、子どもの好きなこと、その日（またはその週）にあったことなど。このとき、「なるべく文章で話す」「絵や写真などを見ながら話してもよい」など、ルールを作っておく。

ポイント
- 聞いている人がインタビュアーになって質問をすると話を進めやすい（「お肉でしたか？　お魚でしたか？」「どれがおいしかったですか？」など）
- ニュースの原稿やメモをあらかじめ作っておく。
- イラストのようなテレビの枠やおもちゃのマイクがなくても十分楽しめるが、あるとさらに盛り上がる。

〈読む力・書く力を高めるあそび〉

言葉のすごろく

「め」「くつ」「はさみ」「えんぴつ」「ゆきだるま」「しんかんせん」と1〜6音の言葉の絵を描いたものを、サイコロの面にそれぞれ貼る。すごろくで、出た目にある絵の音の数だけ進む。

ポイント
● 最初は拗音・促音・長音を含まない言葉を使うと取り組みやすい。

どの「音」があるかな？

指定した音が入っている言葉を考えて言う。例えば「か」と指定したら、「かき・かめ・やかん・サッカー・カスタネット」など、2人で交互に言い、同じものを言ってしまった人が負け。

ヒントとして、絵カードを用意しておいたり、絵本や図鑑の中から探すようにしたりしても。

ポイント
● 「みかん」など、真ん中に探す「音」があるもの、「ち」と「き」など違いのわかりにくいもの、拗音や促音の入っている言葉は難しいので、「『か』が真ん中に付く言葉もあるよ」など、大人がヒントを出してもよい。

漢字を分けよう

　子どもが苦手な漢字、わかりにくい漢字を、画用紙に大きく書き出して、いくつかに分割してみる。実際に、はさみで切り分けても、ペンで色分けしても。

　例えば、「新」という字は「立」と「木」と「斤」、「聞」は「門」と「耳」など

ポイント
- それぞれのパーツに子どもが覚えやすい呼び名をつけておくとよい。
- 漢字の「偏（へん）」や「旁（つくり）」の表を用意しておくと便利。

漢字の「出てこい、イメージ」

●なんでもかんでも読んでみよう

　外出先で目にした看板や商品パッケージにある漢字の見た目からイメージを広げる。大人はさまざまな問いかけをして、子どものエピソードを引き出していくとよい。具体的な経験やイメージと漢字と読みを結びつけることで記憶に残りやすくなる。

●話しているのは、どの漢字？

　ノートに大人が漢字を2、3種類並べて書き、その漢字に対する自分のイメージを子どもに伝える。子どもは、どの漢字について語っているのかを当てる。絵本や絵事典を広げたページから、子どもが1つ漢字を選んでイメージを語り、大人が当てるようにしても。

2章　子どもの困難と大切なかかわり

〈数の理解を高めるあそび〉

言葉のすごろく

用意するもの
- さいころ（消しゴムやキャラメルの空き箱など正六面体のものでもよい）の面にシールなどを使って、数字・数詞（いち、に）・具体物（果物やマーク）を目にする。目は、それぞれ2までの数にしておく。
- すごろく盤（市販のもの）

さいころを振り、出た目の数だけコマを進める。毎回、出た目の数を声に出して言う。慣れてきたら、「3と4」「5と6」のさいころも作って、もう少し大きな数でのすごろくも楽しもう。

ポイント
- 「数字・数詞・具体物」の関係を理解する支援になる。

なんでも数えて

「おやつを数える」「家族とお菓子を分ける」「レシートとおつりが合っているか確認する」など、ふだんの生活で数に結びつくことを見つけ、数えてみよう。

3章

どこに相談？
どんな支援が
あるの？

お子さんのようすや行動に引っかかりを感じて悩んだとき、
まずは相談してみませんか。
どんな機関がどんな対応をしているのでしょう。

どこに相談したらいいの？

「努力しているのに、いっこうに成果が出ないみたい……」
「いつまでも名前が書けないのはどうして？」など、
気になることがあったら、まずは相談してみましょう。

まずは「公的機関」に相談

　最初に、身近な地域の公的機関に相談してみましょう。お子さんの困り感にどう寄り添っていいのかわからない、お子さんがなぜそのようなことで困っているのか理解できずに戸惑っているというようなときにも、話すことで整理ができてきます。また、そこから必要に応じてさまざまな機関や施設を紹介してもらうことができます。

　それぞれの自治体によって相談窓口の名前や対象年齢、行っている支援の内容は異なることがありますので、メールや電話で確認したり、問い合わせたりしてから出かけましょう。

●児童相談所

　子育ての困ったことや発達相談に、カウンセラー（心理士）が対応してくれます。必要があれば発達検査を行う所もあります。

　また、相談に応じて情報提供を行うほか、「障害児通所支援」（P.103参照）の給付費支給決定や支援利用計画の作成、関係者との連絡調整なども行います。

▶0歳〜18歳未満の子どもが対象です。
▶都道府県および政令指定都市・中核市に置かれています。2017年4月現在、全国に210か所あります。
▶児童相談所全国共通ダイヤル　189
▶地域によっては、「子ども家庭センター」など名称が異なる場合があります。

●市町村保健センター

　保健センターは公衆衛生を目的とした保健所とは違い、子どもの健康に関するさまざまな相談を受けつけています。発達や言葉などに関する悩みを保健師が聞いてくれる発達相談も行っています。必要に応じて療育機関や医療機関への紹介なども行います。

▶対象は、乳幼児〜大人
▶市区町村に設置される施設です。全国に 2,456 か所あります（2017 年 4 月）。
▶要予約

●子ども家庭支援センター・子育て支援センター

　家の近くの子育て情報について知りたいときは、市区町村ごとに設置されている「子ども家庭支援センター」や「子育て支援センター」がいいかもしれません。主に乳幼児の子どもと子どもをもつ親が交流を深める場ですが、育児不安などについての相談指導もしていて、電話相談も可能です。必要に応じて適切な機関を紹介してくれます。

▶対象は、主に 0 歳〜就学前までの子どもと保護者
▶全国に約 7,300 か所あります。

●発達障害者支援センター・子ども発達支援センター

　保健・教育・労働など関係機関と協力しながら、発達障害児（者）への総合的な支援をするための専門機関です。発達障害児（者）とその家族、関係機関などからの相談を受けつけ、家庭での療育方法についてのアドバイスや、必要に応じて福祉制度や医療機関の紹介などを行っています。

▶対象は、乳幼児〜大人
▶都道府県・指定都市が実施しています（民間委託含む）。「発達障害情報・支援センター」のウェブサイトで、全国のセンターを検索できます。

　これらの公的相談機関への相談内容や結果などが、保護者や本人の了解なしに、ほかの機関に提供されることはありません。また、相談するときには、お子さんの今の状況のほか、生まれてからのこと、言葉を話し始めたときのようすなど、説明が必要になることがあります。お子さんのありのままの状況を具体的に話せるように整理しておきましょう。

小学校に入る前でも相談ができます

　LDはその特性上、小学校に入ってから授業についていくのが大変になったり、ひどく不得意な分野が出てきたりして、わかることが多いのですが、就学前でも気になることや悩みがあれば、相談してみましょう。

●保育所・幼稚園・認定こども園

　子どもの困っていることを通っている園と共有して、どんなサポートができるのかを具体的に話し合えるといいですね。

　また、保育所や幼稚園では、地域の親子を対象に独自の子育て支援事業を行っている所があります。自治体の広報誌やウェブサイトで情報を入手できます。

●教育委員会の「就学相談」

　各地の教育委員会では、子どもの発達が気になる場合や子どもの就学先を考えたい保護者のための「就学相談」窓口を設置しています。直接電話で連絡するほか、通っている幼稚園や保育所を通じて面談を申し込むことができます。

　市区町村によってその内容や方法は大きく異なりますが、一般的な就学相談は、就学前年度の春または秋から始まり、翌年1月〜2月に最終的な就学先が決まります。

　なお、5歳になると誰でも就学相談を利用することができます。学校生活をイメージして、文字の読み書きを含め、心配だと感じることがある場合は、早い時期から定期的な相談を始めておくことも一つの方法です。

●入学する予定の小学校

　就学する前年の10〜11月ごろに、小学校で就学時健診が行われます。基本的な身体検査のほか、知的発達についても簡単に検査することがあります。就学にあたって心配なことがあれば、このときに相談してみるといいでしょう。

　また、入学する直前の1〜2月ごろに、入学説明会が行われます。学校によっては、特別支援教育の取り組みやお願いできる配慮について説明してくれる所があります。

小学校に入ったら……

　各地の教育委員会（教育相談）・教育総合センターなどのほか、小学校では、担任の先生、スクールカウンセラーや特別支援教育コーディネーター、養護教諭、ことばの教室などにも相談することができます。

●担任の先生

　まずは気になることを担任の先生に伝えましょう。学校での子どものようすを先生に聞き、家庭でのようすを伝えながら具体的に相談すると、学年主任、特別支援教育コーディネーター、通級指導教室の先生、巡回相談員、スクールカウンセラーなど、専門家につながることができます。また、「校内委員会（子ども支援委員会）」では、保護者と担任の先生、上で説明したような専門家がチームとなり、特別なケアを必要とする子どもの教育支援方針や指導計画を相談しながら決めていくことになっています（P.113参照）。

そのほかの相談機関

●大学の相談機関

　大阪医科大学LDセンター、東京学芸大学教育実践研究支援センター、筑波大学心理・発達教育相談室など、いくつかの大学内の研究機関で相談を受けつけています。ただし、混み合っていたり、相談できる年齢に上限が設けられていたりする機関もあります。

●医療機関

　LDの診断は児童精神科や小児神経科の一部の医師が行っていますが、まだまだ数は少ないのが現状です。就学前であれば保健センター、就学後は教育委員会や教育センターなど身近な公的機関で専門家に相談して紹介してもらいましょう。

●療育機関

　LD以外の発達障害に先に気づいて、通所支援（P.103参照）を受けている場合には、そこでLDについても相談してみるといいでしょう。療育機関でLDの指導までしてくれる所は限られていますが、ほかの機関を紹介してくれるでしょう。

LDの判断・診断

LDの定義は、医学的定義と教育的定義ではとらえ方が少し違いますが、
大切なことは、何につまずいているかを明らかにして、
周りができることは何かを考える一歩にすることです。

LDは発達障害の中でも判断が遅くなりがちなものです。なぜならLDは学習場面以外の日常生活で気づくことが少ないからです。「つまずきには何か理由があるのでは？」と思ったら、なるべく早く受け止めて対応方法を考えるために、前述のとおり、地域の児童相談所や子ども家庭支援センター、子ども発達支援センターなど（P.96参照）に相談してみましょう。状況を整理して、必要な支援を受けられる機関、医療機関につないでもらうことができます。

医療機関での診断

LDを含む発達障害の診断を行うのは、児童精神科や小児神経科の一部の医師です。

でも、そもそも発達障害は病気ではないので、診断されたからといって治療を行うわけではありません。

発達障害の診断においては、現在、主にアメリカ精神医学会の定めた『DSM-5』（『精神疾患の診断・統計マニュアル』第5版）や世界保健機関（WHO）の定めた『ICD-10』（『国際疾病分類』第10版）が用いられています。LDについては、脳の器質的な病気などはないか、知的な部分に障害がないか、能力にかたよりがないかなどを調べます。

日本小児神経学会のウェブサイトには、発達障害の診療に応じている医師名簿が公開されています。LDへの対応の有無もチェックできます。

なお、DSMでは、かつては「読字障害（ディスレクシア）」「書字表出障害（ディスグラフィア）」「算数障害（ディスカリキュリア）」の3つに分類されていましたが、現在は、「限局性学習症・限局性学習障害」という診断名になっています（P.164参照）

さまざまな情報をもとに総合的に判断

医療機関によって違いますが、初診は、「子どもとの面談や行動観察」、「保護者との面談」がメインになります。同じ日に発達検査や知能検査などの検査を行う場合もあります。

「保護者との面談」では、生育歴、発達歴、既往歴、家族歴、学校や家庭でのようす、就学前における文字や数字への興味などをていねいに聞き取ります。そして、子どもの行動を観察し、現在の状態を確認していきます。

「子どもの行動観察」の方法はさまざまです。面談中のようすを観察することもありますし、専門スタッフといっしょに遊ぶようすを観察することもあります。

「ウェクスラー式知能検査」などの知能検査や「KABC-II」などの認知能力検査を行います。

初診の日、医師はわかる範囲での見立てを告げます。ただし、1回の診察だけではわからないことが多いので、何度か相談・診察に通う必要があるかもしれません。見立ての結果、こういう傾向があるかもしれない、という仮説を立てて、これからどういった支援や療育（P.103参照）を行うかについて提案し、相談します。診察を行った病院が療育も行っている場合は、診察後に体験をしたり、その日にうちに療育の予約をすることもあります。その後の療育計画は、専門のスタッフが中心となって保護者と相談しながら立てていくことになります。

大学や子育て支援機関の評価

厳密には医療機関以外で診断はできませんが、大学の心理相談室や区市町村の保健所、子育て支援機関などでもカウンセラーや臨床心理士や医師がいて、判断や評価を行うことがあります。また、スクリーニングテストを行って、特性の傾向を調べることもあります。

LDの診断は、子どもの「育ち方」や「伸び」をみて

　LDのある子は、学齢が上がるにつれてつまずきが積み重なり、ますます勉強が苦痛になっていってしまうので、できるだけ早い段階での支援が必要です。そのために医師の診断が必要かどうかについては、ケースバイケースですが、多くの子どもの発達や学習状況を把握している学校の先生や専門家に判断してもらい、具体的な支援につなげたほうがよい場合が多いでしょう。

　勉強を怠っているわけではない、もしくはどうしても取り組めないということから、ある教科の学習到達度が1〜2学年遅れている場合は、LDの可能性を考えます。

　ただし、大切なのは、「できないこと」に対して具体的な方法で支援しながら、「できること」「得意なこと」も伸ばしていく支援を忘れないことです。その子の育ちや伸びをみながら、自尊心を育んでいくことが大切です。

「療育」って何?

「療育」とは、発達にかたよりのある子どもに対して、
それぞれの特性を生かし、
その子どものペースで豊かに生きるための指導・支援のことです。

療育を受ける場所は?

児童福祉法によって、18歳未満の発達障害の子どもたちは、必要に応じて「障害児通所支援」のサービスを受けることができます。「障害児通所支援」には、「児童発達支援」や「放課後等デイサービス」などがあり、そこで「療育」を受けることができます。

「児童発達支援」は、小学校に上がる前の子どものためのもので、施設に通って療育を受けます。幼稚園や保育所の代わりに毎日のように通うケースもあります。年齢の近い子どもたちが数人でいっしょに参加するタイプと保護者といっしょに参加するタイプがあり、言葉や身体感覚などの発達を支援するものが中心で、子どもの成長に合わせて行われます。

「放課後等デイサービス」は、学校（小学生〜高校生）に通いながら、放課後や夏休みなどの長期休暇を利用して支援を受けることができます。施設の設備や目的、提供されるサービスはさまざまですが、専門スタッフが個別や集団での療育プログラムを作って支援をしてくれるところもあります。また、子どものニーズや保護者からの相談に応じ、園や学校との連携も行います。

これらの施設や機関には、自治体が運営するものと民間が運営するものがありますが、いずれも「受給者証」があれば1割の自己負担で利用できます。

●「受給者証」って?

障害児通所支援など児童福祉法のサービスを利用するときには「障害福祉サービス受給者証（受給者証）」が必要になります。これは障害者手帳や療育手帳（「愛の手帳」「みどりの手帳」と呼ぶ自治体も）とは別物です。受給者証の交付は市区町村が行います。自治体によって手続きが異なりますが、まず利用したい事業所を決めてから、住んでいる自治体に必要書類を提出し、調査などを受けて発行されることが多いようです。

3章 どこに相談? どんな支援があるの?

通所支援施設（療育機関）に通うまで

　通所支援施設は、公共機関で相談した後や医療機関で診察・診断を受けた後に、紹介されることが多いのですが、直接連絡してもかまいません。

　多くの施設は、LDだけでなくほかの発達障害の子どもも受け入れていますが、どんな支援やサービスが受けられるのかは、施設によってさまざまです。LDの子どもへの対応としては、その成長や特性に合わせた学習支援（トレーニング）のほか、宿題の相談に応じる所もあります。紹介された施設でも、まずは実際に施設のようすを見学してから、通うかどうかを決めましょう。療育内容や受け入れる子どもの年齢、送迎の有無、LDのある子どもへの対応は充実しているかなど、よく確認してから予約しましょう。

■予約から利用開始までの流れ　＊施設・機関によって異なります。

【問合せ・予約】
電話などで「見学したい」と伝え、日時を予約。

【面談・見学】
子どもといっしょに施設のようすや実際の療育の内容を見学する。
スタッフと子どものようすを確認し、どんな支援が必要かについて話し合う。専門機関からの紹介状や検査結果、診断書などがあれば提出し、その機関での見立ても伝える。
医療機関と連携している施設の場合は、ここで心理・発達検査を行う場合もある。
施設を決めたら、受給者証の申請をする。

【契約】
母子手帳や療育手帳、印鑑など指定された持ち物を忘れずに。ここで受給者証を提示。

【療育計画の検討】
必要な支援にかかわる専門スタッフとともに、療育・指導内容を検討し、計画を立てる。

【利用開始】

こんな療育プログラムがあります

通所支援施設によってプログラムは違いますが、
大きく分けて、支援者と1対1で行う個別療育と、
少人数で行うグループ療育があります。

さまざまな療育内容

　個別療育では、子どもの特性や発達段階や興味に合わせてプログラムを組み、専門スタッフが1対1で支援を行います。グループ療育では、2〜5人程度のグループで、ルールのあるゲームや遊びなどを通して、学び方を身につけていきます。

　LDを専門に扱う施設（機関）は多くはないのですが、力を入れている所もあります。そうした施設では、プログラムに「音韻認識トレーニング」や「ビジョントレーニング」、「ワーキングメモリトレーニング」、学習指導など、それぞれの子どもの特性に合わせたトレーニングを入れていることが多いです。

こんな専門家がいます

　通所支援機関には、施設によって異なりますが、指導員や児童発達支援管理責任者などの専門スタッフがいます。言語聴覚士や作業療法士、理学療法士、医師、保育士、看護師、カウンセラーなどがいる施設もあります。大学関係の機関には、LDの研究者もいます。

　療育は、その子どもだけでなく家族を支援するものでもあります。早い時期に、専門家の対応を参考にしながら適切なかかわり方を学ぶことで、子どもの特性への理解が深まります。また、子どもと家族の孤立を防ぎ、子どもの成長をいっしょに考えてくれる連携先のひとつにもなるでしょう。同じ悩みをもつほかの利用者との出会いも、気持ちを楽にしてくれるかもしれません。

3章

どこに相談？　どんな支援があるの？

大阪医科大学LDセンターの場合　（あくまでも一例です）

　大阪医科大学LDセンターには、「幼児クラス」と「学習クラス」があります。

　「幼児クラス」は、集団では言葉の指示が入りにくい、友達とうまくかかわれないなどの特性のある4〜5歳児が対象で、言語・コミュニケーションと学習姿勢の基礎作りの指導をします。

　「学習クラス」は、小中学生が対象で、言葉の指導や学習の基礎となる力を育てる指導をしています。医師の診察の後、次のような流れで進みます。

●「学習クラス」の流れ

1　面談

　言語聴覚士が評価・面談を行います。

　読み書き・言語・算数などの課題となる内容について、個別に評価を行い、つまずきの原因を探ります。

2　評価結果

　評価結果と共に援助の方法や家庭・学校での学習の進め方などについて文書にまとめ、保護者に渡します。

3　指導

　言語聴覚士が、同じ学習目標をもつ2〜4人程度の子どもたちに対してグループ指導を行います。

「学習クラス」の指導内容

●言葉の理解や認識がうまくできない子どもには

- ○ポイントをしぼって話を聞く練習
- ○用途や形で分類する練習（言葉の概念の形成）
- ○動作絵や4コマ漫画を使って短文を作る練習
- ○作った文章に合わせて質問・応答の練習
- ○文章読解の練習

●読み書きが苦手な子どもには
　○拗音・促音・長音のルールを整理し、それぞれを読んだり書いたりする練習
　○漢字1文字ずつの形を分解する方法を練習し、読み・意味の確認
　○熟語の読みの確認（熟語の意味やほかの言葉の読み方から、読みを推測する
　　練習）

●算数が苦手な子どもには
　○具体物を使った数の操作の練習
　○具体的な数の操作と抽象的な数式を一致させる練習
　○文章題の解決手順の練習（質問のポイントがわかる、言葉と数量の
　　イメージを結びつける　など）

　高学年になって文字を思い出したり書いたりすることが難しく、苦手意識が非常に強くなってしまった子や、考えるスピードに「書字」がなかなかついていかず、長い文章を書く際に不利になってしまう子などには、パソコン使用の練習をすることもあります。

　そのほか、大阪医科大学LDセンターには、板書を写すのに時間がかかる、目盛りを読むのが苦手などの特性のある子どもを対象に「視機能の訓練（ビジョンセラピー）」、手先が不器用、正しい姿勢が保てない子どものための「作業療法」、ダウン症のお子さんのための「タンポポ教室」などもあります

学校で受けられる支援は？

全国の学校で、LDなどのある子どもたちへ
特別支援教育が行われています。

学校での支援をうまく活用しましょう

　文部科学省が定めた特別支援教育では、「通常の学級」「通級による指導」「特別支援学級」「特別支援学校」という学びの場（方法）を用意しています。そして、通常の学級にいる子どもたちにも「障害に配慮し、指導内容・方法を工夫した学習活動を行う」ことを定めています。この制度は2007年度から始まり、支援の必要性についての認識が定着しつつあります。

　学校選びの際は、学校・学級の名称だけで判断せずに、実際に見て確かめたり、学校に相談したりすることが大切です。

就学後に転級・転校も可能です

　小学校に入るときにどの学びの場を選んでも、子どもの状態や発達に応じて、学びの場を変更（転級、転学）することができます。

　たとえば、小学校1、2年生は「特別支援学級」で少人数集団で学んで、集中した学習態度が整ったところで、3年生から通常の学級に転級するということもあります。また、地域によって異なりますが、「特別支援学級」に在籍しながら教科によって通常の学級で受ける、ということが可能な学校も増えてきています。

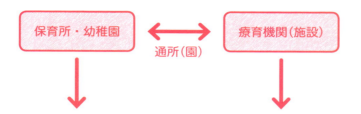

（小・中学校）

（通常の学級）
子どもの特性に応じた支援や環境整備を行う。補助教員や支援員による支援を行うことも。
特別支援学級に在籍しながら、一部の教科のみ通常の学級で受けることもある。

⇔ 通級

（通級による指導／特別支援教室＊）
通常の学級に在籍しながら、週に1時間程度、通常の学級から離れて通う。
それぞれの特性に応じて、個別・グループでの指導を受ける。

＊P.115参照

 交流・共同学習

（特別支援学級）
障害のある子ども一人ひとりに応じた教育を行う。地域や子どもの実態などによって通常の学級で過ごす割合が多い場合もある。

 交流・共同学習

（特別支援学校）
障害の程度が比較的重い子どもを対象に、専門性の高い教育を行う。それぞれ、幼稚部、小学部、中学部、高等部と分かれている。

3章 どこに相談？ どんな支援があるの？

●小学校入学までの流れ

- **4月～6月頃**　地域の小学校の情報収集（特別支援学級の有無など）
- **7月～9月頃**　自治体の教育委員会に就学相談。希望する小学校の見学や支援体制の確認。設定された公開日や一般公開している学校行事を利用しても。
- **10月～11月頃**　小学校の選択。就学時健康診断と面談。
- **12月～1月頃**　就学通知を受理。
- **1月～2月頃**　入学説明会。相談。
- **4月**　入学

入学する学校が決まったら

　学校との面談では、子どもの「できること、得意なこと」「できないこと、苦手なこと」を具体的に話します。たとえば、自分の名前を読めるか、感覚過敏または感覚鈍麻があるか、ほかの子どもに関心を向けるかなど、子どものありのままを伝えましょう。また、おうちの方が見つけたかかわり方のコツがあれば、「こうするとうまくいくようです」というふうに伝えるのがいいかもしれません。

　また、子どもの成長につれて、心配な状態も少しずつ変化していきます。発達や新しい環境への適応について、就学後の子どもたちのようすにくわしい先生たちに相談することで、就学前の子どもの発達を専門にする人とはまた別の視点からアドバイスが得られるでしょう。

　そのほか、学校の教育方針や人員体制を含めた支援体制について聞いてみましょう。学校として、できる支援とできない支援があるので、具体的な相談をしながら、「いっしょにやっていきましょう」という協力態勢を築いていく一歩にしてください。

　また、親として、こんな学校生活を送ってほしい、こんなことが不安……といった正直な気持ちも、スタートの段階で伝えておくといいでしょう。

特別支援教育が充実してきています

●「通常の学級」における支援を充実させる

2017年に公示された新しい学習指導要領（小学校・中学校）には、「一人ひとりの子どもの障害の状態に応じて指導内容・指導方法の工夫を、組織的・継続的に行う」、「各教科で学習上の困難に応じた指導内容や指導方法を工夫する」などの内容が盛り込まれました。

つまり、「通常の学級」でもLDのある子どもたちへの支援や配慮を充実させていこうとしています。これらの新しい動きについて知っておくと、子どもの学びの場（方法）を考えたり、学校と相談したりするとき、スムーズに進めやすくなります。

●学習の「困難さの状況」を配慮して指導を考える

新しい学習指導要領では、子どもの困難に応じた指導の具体例について、障害の名前ではなく、「文章を目で追いながら音読することが困難な場合」というように困難さの状態により配慮をすることが書かれています。ひと口にLDといっても、一人ひとりの子どもによって苦手なところやつまずきやすいところが違います。その子どもがどこで困っているか、なぜ困っているのかを把握したうえで支援をする必要性が、教師の間で共有されるようにとのことでしょう。

たとえば小学校の国語科では、次のように配慮の例が書かれています（P.166参照）。
・文章を目で追いながら音読することが困難な場合には，自分がどこを読むのかが分かるように教科書の文を指等で押さえながら読むよう促すこと，行間を空けるために拡大コピーをしたものを用意すること，語のまとまりや区切りが分かるように分かち書きされたものを用意すること，読む部分だけが見える自助具（スリット等）を活用することなどの配慮をする。

（「小学校学習指導要領解説（平成29年6月）総則編」国語編から抜粋 P.166参照）

● 「個別の指導計画」と「個別の教育支援計画」を作る
　また、新学習指導要領では、「個別の指導計画」と「個別の教育支援計画」の作成・活用がうたわれ、特別支援学級に在籍する子ども、通級指導を受けている子どもについては、全員の計画を作成することとなりました。
　「個別の指導計画」とは、一人ひとりの子どもに対してその特性を考えたきめ細かな指導を行うために、学校が作るものです。指導の目標や指導の内容・方法などを盛り込み、教師はその内容に基づいて指導します。学校の中には、担任の先生以外にも、特別支援教育コーディネーター、通級担当教員、スクールカウンセラー、特別支援教育支援員、養護教員など、さまざまな専門スタッフがいます。そして校内委員会（子ども支援委員会）を開くなどして、子ども一人ひとりについて、「個別の指導計画」を立てていきます。
　「個別の教育支援計画」は、学校が関連機関との連携を図るために、学校卒業後などの長期的な視点に立ち、作成するものです。作るときには、関係機関だけでなく、保護者の意見も聞かなければいけません。おうちの方は積極的に協力していきましょう。

学校にはこんな支援者がいます

●特別支援教育コーディネーター

現在ほぼすべての小・中・高等学校に配置されていますが、学級担任などと兼務しているケースが多いようです。教職員の中から選出され、校内委員会（子ども支援委員会）の中心的役割を担います。学校内の特別支援教育をリードする存在として、保護者からの相談を受け、必要に応じてさまざまな専門機関につなぎ、連携しながら支援を行います。

なお、保護者から学校に依頼をして、療育機関の専門家なども同席のうえ、支援会議を開いてもらうこともできます。学校の中で、子どもとかかわる多くの人と情報を共有することは、子ども自身や保護者の大きな安心感につながることでしょう。

●スクールカウンセラー

小・中学校に非常勤職員として派遣されているため、毎日いつでも学校にいるわけではありません。多くは臨床心理士の資格を持ち、保護者や教職員、児童生徒からの相談を受け、支援を行っています。担任の先生に言いにくいことを相談したり、学校と保護者の間に入って調整役となってもらったりすることもできます。

●巡回相談員

学校を訪問し、聞き取りや授業参観などをして、子どもの実態を把握し、子どもが必要とする支援の内容と方法を明確にするために、担任やコーディネーター、保護者などからの相談を受け、助言や援助を行います。そのための研究や勉強などをしている専門家（大学教員や臨床心理士、言語聴覚士、作業療法士など）です。

●特別支援教育支援員

支援が必要な子どもに対して、個別支援を行います。その内容は自治体や学校によってさまざまで、現状として1対1で支援員がつくことは少なく、時間も限られています。また、複数の子どもを1人の支援員が見ているケースが多くなっています。

具体的には、授業中、読み取りが苦手な子どもに黒板の字を読み上げるなど、子どもの苦手な部分をサポートしたり、先生の指示の理解が難しいときにさりげなく内容を伝え直したりするなど、指導を補ったりします。

「通級」を利用しましょう

● 「通級による指導」ってどんなもの？

「通級指導教室」とは、子どもの障害の特性や状態に合わせて、通級指導教室担当の先生による指導が受けられる場所です。

LDのある子どもの場合、ふだんは通常の学級で授業を受けながら、年間に10〜280単位時間（1単位時間は、小学校では45分）、通級による指導を受けることができます。

通級による指導の目的は、単なる教科の補充ではなく、「自立活動」ができるようにすること。この場合の「自立」とは、たとえば、漢字が苦手な子が自分の特性を理解して「自分はどうやったら漢字を覚えやすいのか」に焦点を絞り、その方法を身につけることです。見て覚えるタイプか書いて覚えるタイプなのか、「漢字の学習」を利用して自分の特性を理解し、効率的な学習スタイルを確立し、ほかの教科の学習に応用できること。それが「自立活動」なのです。

● 「通級」の種類

「通級」には現在次の3つのパターンがあります。

①自分が通っている学校に「通級」の教室がある（自校通級）
②近くの学校に設置されている「通級」に通う（他校通級）
③「通級」教室の教員が学校に来る

他校通級の場合、週に1回、午後の授業が終わった後に通級することが多いようです。保護者の送迎が必要になることもありますが、担当教員と顔を合わせることができるのはメリットです。

●通級指導員や特別支援学級の担当教員とよい関係を築く

　通級による指導を受けている、または特別支援学級に在籍している場合、その担当の先生が親子にとって強力なサポーターになることがあります。子どもの特性をよく理解し、適切なかかわり方を知っているので、家庭での子育てについてのアドバイスをもらえることもあるでしょう。また、通常の学級の担任の先生と連携して、授業についてのアドバイスや提案をしてくれることもあります。

●いつ始める？

　通級による指導を始める時期や内容、期間などは、子どもの特性や状態によって変わります。ただ、小学校低学年で学ぶ読み書きや算数でつまずくと、学年が上がるにつれてますます授業についていけなくなったり、子どものストレスや自己否定感が大きくなったりしてしまう恐れがあるので、つまずきが見つかったらできるだけ早く、LDの特性に合わせた指導を受けるのがよいといわれています。

東京都の「特別支援教室」

　2016年度から東京都では順次、「特別支援教室」の設置が進んでいます。これは「通級による指導」に代わるものとされています。

　特別支援教室の最大の特徴は、子どもが通っている学校でそのまま支援を受けられるという点です。指導教員が各小学校に出向いて、子どもの特性に応じた指導を行います（巡回指導）。より多くの子どもが支援を受けられるようになることや、学級担任の先生と巡回指導教員との連携が密になることで、指導内容の充実、送迎などの保護者の負担減などが期待されています。

3章　どこに相談？どんな支援があるの？

家族のケアとサポート

LDのある子の家族は、特有の悩みに直面することもあるでしょう。
親御さん自身やきょうだいの心身のケアも、大事にしたい視点です。

自分自身のケアも大切に

　子育て中の親御さんは、誰もが育児の悩みやストレスを抱えていると思いますが、LDのある子の場合、わかりづらい障害であるがために特有の悩みやストレスがあるようです。

　それらを一人で抱え込んでしまい頑張りすぎると、心に余裕がなくなったり視野が狭くなってしまったりします。心に余裕があればお子さんの姿に寄り添えます。視野を広くもてれば、よい解決策も見つかります。お子さんが元気に過ごすためには、まず「あなた自身」が、元気であることが大切なのです。

リフレッシュタイムを作りましょう

　忙しいと、自分のことはつい後回しになりますが、ときどきは自分の時間を作りましょう。自分自身の気持ちに耳を傾け、肩の力を抜く時間を、無理をしてでも確保することが大切です。つらくなったら……ではなく、できれば定期的にリフレッシュタイムを設定しておくのがおすすめです。楽しみができ、その都度周りの人に依頼しなくてもよいので気が楽です。

　毎日いくつもの心配を抱えながら子育てをしているご自身に、たまにはごほうびを！

いろいろなサポーターを探してみましょう

　一人で悩みを抱え込んでいては、必ずどこかで無理が出ます。頑張りすぎてダウンしてしまう前に、身近の信頼できるサポーターを見つけましょう。

　サポーターといっても、ちょっと手伝ってほしいという場合から、専門的なアドバイスがほしいというケースまで、さまざま考えられます。それらすべてを一つの所、一人の人にケアしてもらうのは、難しいでしょう。

　そこで、順序立てて整理してみます。まずは、今の悩みや今後長期的に相談したいことなどを書き出して、優先順位をつけます。できないことは、無理しないことも大切です。

　次に、自分の周りでサポーターになってくれそうな人や機関を書き出してみましょう。たとえば、配偶者、自分の親、友人、親の会（P.122参照）、学級担任、通級担任、学校のカウンセラー、療育機関、病院、子どもの主治医、自分の兄弟姉妹、ほかのきょうだいなどです。

　そして、それぞれの人（場所）にどんな場面でどんなことを頼むことができるのか、具体的に考えてみるのです。自分の親→子どもを一時預かってもらう、親の会→地域のサポート情報交換、ママ友→愚痴を聞いてもらう、配偶者→義父母との関係を相談、といった具合です。

　また、「くわしくはわからないけど、いろいろ困っているよね」と優しく理解をしようとしてくれる理解者を見つけることが気持ちの支えになることも多いようです。

こんなサポートも活用して

★利用者支援事業

　2015年に導入された「子ども・子育て支援新制度」によって立ち上げられた事業。地域の子育て家庭への支援を充実させるため、専門の職員を各市町村に配置して、子育てに関する相談を受けつける態勢作りが進んでいます。相談内容に応じて、各種サービスや専門機関を紹介してくれることもあります。

★ペアレント・プログラム

　子育てに難しさを感じる保護者が、子どもの特性をふまえたほめ方や叱り方を学ぶもの。6回程度のプログラムで、講義とグループミーティングの組み合わせで行われることが多いようです。同じ悩みをもつ保護者に出会えることもあります。

パートナー（配偶者）や祖父母との関係

子どもの困難や特性がさまざまであるように、ご家族にも、それぞれの考え方や感じ方があります。どのように協力していけばいいのでしょうか。

わかってもらおうとしすぎないで

　できればいちばんのサポーターになってもらいたいのが、パートナー（配偶者）ですが、子どもの発達について相談したくても聞く耳をもたない、協力を得られないという悩みもよく聞かれます。

　パートナーであっても、あなたとは違う人間。それまで子育てにどれだけかかわっているのかによっても、お子さんへ考え方が異なります。ですから、子どものことも、自分のことも「すべて」を理解してもらおうとはしないほうがよいかもしれません。無理に足並みをそろえようとせず、それぞれがお子さんを支えるというスタンスも大切です。

伝える方法はタイプに合わせて

　互いの性格も含めて、違いがわかっていれば、話のしかたも見えてきます。たとえば、客観的な説明のほうが納得できる人には、解説書を見せたり、医師などの専門家から話をしてもらったりすることが効果的でしょう。また、共感的にものごとをとらえるタイプの人には、子どもが困っている場面や、支援によってうまくいった場面のエピソードを交えながらお子さんの気持ちを伝えるとよいかもしれません。

かかわり方のモデルを示しましょう

　自分のお子さんを含め、子どもとかかわった経験があまりないという人もいます。あなた自身がお子さんにうまく声をかけたり、楽しそうに学習アプリに取り組んでいるのを見て、「そんなふうにすればうまくいくのか」と思ったりしているかもしれません。

　最初は少しのかかわりでも、それによってお子さんに変化が出てくると、手ごたえを感じたり、もっと工夫してみようと思ったりするもの。子どもといっしょに楽しんでできそうなことをお願いして、「やっぱり、頼りになるわ！」などポジティブな言葉でかかわろうとする気持ちを後押ししてあげましょう。

祖父母に支援を求めるときは

　祖父母が強力なサポーターになってくれる可能性にはやはり期待したいもの。それにはまず、子育ての先輩が大切にしてきたことを尊重する姿勢が大事です。

　そうはいっても、祖父母が育児をしていた頃には、ＬＤを含め発達障害が知られていなかったという世代間ギャップに加え、障害という言葉を使うのに抵抗がある人も多く、理解を得るのは難しい場合もあるかもしれません。

第三者を交えて話したほうがよいことも

　パートナーや祖父母に話をする場合、身内だけだと、どうしても感情的になってしまったり、かえって気を使って話し出せなかったりということもあります。そんなときには、医師や療育のスタッフなどの専門家から直接話してもらうことも考えてみましょう。

　子どもが通う病院や療育の場や学校で、いっしょに話し合う機会には、事前に家族の情報（日ごろの子どもへのかかわり方や子どものことを相談したときの反応など）を伝えておくと話がスムーズにいくこともあります。

きょうだいの思いを大切に

LDに限らず、発達障害のある子どものきょうだいには、特有の悩みがあります。
きょうだいの思いにも目を向けていきましょう。

サポーター役でがまんさせないように

　きょうだいの子は、いわゆる「いい子」になりがちです。何かと大変そうな親御さんの役に立ちたいという思いからついつい頑張りすぎたり、自分より困難を抱えているきょうだいのことを優先したりするからです。ときには大人の助っ人になってくれる、家族にとってとてもありがたい存在かもしれません。でも、それが「いつも」になっていませんか？

　大切なことは、「ありがとう。いつもあなたの頑張りを見ているよ。ときどきは休んでいいんだよ」というメッセージを伝えることです。「自分のことを優先していいんだ」「自分は愛されている」と実感できるような場面を意識して作りたいものです。

「量より質！」でしっかり向き合いましょう

　親御さんは、「わかっているよ、そうはいっても……」と、心苦しく思っているかもしれません。そんなときは、「量より質！」と考え、短くてもいいので、そのきょうだいと2人だけの時間を作りましょう。そして、しっかり1対1で向き合い、話を聞き、思い切り甘えさせてあげましょう。

　そのためには、予定を組んで、必ず実行することです。たとえば、誕生日の日には2人で出かける、きょうだいが療育に行っているときの1時間はいっしょに過ごす、土曜日の夜はいっしょに風呂に入る、など。「手が空いたら……」などと思っていては、なかなか時間がとれませんし、いつなのかわからず、お子さんを不安にしてしまいます。

いつでもきちんと答えられるように

「どうして○○ちゃんの勉強は、ママが見るの？」「どうして通級に行っているの？」などの質問をされたら、はぐらかさずに、きちんと答えていきましょう。あやふやに応対すると、家族の中で自分だけ仲間はずれにされているような疎外感を覚えたり、不安になったりすることがあります。ぜひ子どもの理解度に合わせて説明するようにしましょう。そのためには、いつ聞かれてもあわてずに答えられるように準備しておくことも大切です。

きょうだいも特性が見られる場合も

先に生まれた子どもや特性が強く出ている子どもに気持ちが向かいがちですが、きょうだいにも、興味のかたよりや不器用さをもっている子どもがいます。「あれ？ もしかして？」と感じたら、それぞれの特性に目を向けていきましょう。

きょうだい支援のプログラムがあります

きょうだいには、きょうだいならではの思いがあります。でも、LDのある子のきょうだいには、本音を打ち明ける機会があまりありません。LDのある子自体が周りに誤解されやすいのですから、ましてやそのきょうだいの立場を理解してくれる人は少ないのです。でも、きょうだいにも、思いを打ち明け、受け止めてくれる場所や相手が必要です。

NPO法人や民間の団体で、発達障害のある子どものきょうだいの支援を専門的に行っている場所があるので、活用するのもひとつの方法です。それぞれ支援の内容は異なりますが、障害のある子のきょうだいにしかわからない悩みを打ち明けたり、相談したりするプログラムが基本です。「家族会（親の会）」（P.122参照）や、療育機関、病院に相談したり、インターネットなどで探したりして、活用を検討してみましょう。

Column
家族会を活用して

家族間の連携がうまくいかない、周囲の理解が得られないなどの悩みは一人で抱え込まないようにしたいもの。でも、相談相手となるような友達や保護者仲間、信頼できるかかりつけ医などはそうそう近くにいないのも現実です。そんなときは、「家族会（親の会）」や支援団体の活動に参加してみましょう。

家族会や支援団体は、全国各地にあり、家族支援を目的としたNPO法人や任意団体も増えています。住んでいる地域の子育て支援センターや療育機関などで紹介してもらえます。「親の会」「学習障害」などのキーワードでインターネット検索してみるのもいいでしょう。

家族会は大きな団体から少人数の会までさまざまあり、活動内容もそれぞれです。講師を招いての講演会やイベントが開催される所もあれば、お茶会など保護者同士の交流が中心の所もあります。

一度行ってみてしっくりこなかったら、無理せずに別の所に行ってみるなど、気楽な気持ちで参加してみましょう。毎回参加できなくても、自分自身を出せ、ほっとできる場があると思えるだけで、気持ちがずいぶん楽になるはずです。

なお、家族会には、父親中心の会や、きょうだいサポートを行っている所もあります。お母さんだけでなく、家族全員のサポートの場として活用できるといいですね。

4章

年代別に見る子育てのポイント

LDのある子どもを育てていくうえで、
成長とともに、直面することがいろいろ出てきます。
年代別に、そのポイントを見ていきましょう。

それぞれの時期に必要な支援を

子どもの「今」と「これから」。
どんなふうにとらえて子育てをしていったらよいのでしょうか。

今のかかわりが将来につながります

　お子さんのこれからを思うと、学校でうまくやっていけるのかしら？　大学は？　就職は？……など、心配がつきないのではないでしょうか。

　確かに、子どもの成長とともに周りの環境は変化し、下記のように、成長段階ごとに向き合わなくてはいけない状況や課題が出てきます。

　でも、焦る必要はありません。先を気にしすぎて不安になるより、今、お子さんにとって何が大切かをしっかり見つめてかかわっていくことが大事。今、親御さんがお子さんのことを思い、取り組んでいることは、少しずつでも確実に将来につながっていると思ってください。

幼児期

就学前は、LDの特性があっても普段の生活における困難が表に現われにくいため、気づきにくい。また、LD以外の発達障害の特性が顕著に現れていると、LDがあっても気づかないことも多い。

児童期

学校生活がスタートし学習での困難が顕著になり、本人や保護者が怠けていると言われることも。周囲の理解を得て、叱責や失敗体験を減らすこと。学校・サポート機関との連携が大切。

LDの特性をポジティブにとらえて

　成長に伴い直面する課題が変化するのはどの子も同じ。ただ、ＬＤのある子の場合、特有のかかわりが必要になることがあります。そのため、これから子どもの環境がどのように変化していくのか、どんなことが必要になるのかをある程度見通しをもっておくことも大切です。

　先を見通しながら、そのつど適切な支援を行うことで、本人に合った学び方を身につけ、興味・関心を広げていくことができます。

　ＬＤという特性を含めて自己を理解し、必要な支援を周りに求める力、成長に合わせて軌道修正する力を身につけつつ、「これも大切な自分！」と、前向きに生きていく……そんな姿を思い描きながら、成長を見守り、サポートする子育てを考えていきましょう。

　次ページから、「幼児期」「児童期」「思春期」「青年期」と大まかに成長の時期を分け、各時期における子育てのポイントを挙げながら解説していきます。お子さんのこれからを見すえたうえで、「今、考えておきたいこと、しておくことは何か」を確認してみてください。

4章　年代別に見る子育てのポイント

思春期

自尊心の低下や孤立など二次的な問題が心配な時期。親への反発が強まり、思うような連携ができないということも。本人のよさを発揮する場面、成功体験をどう作るかがポイント。

青年期

徐々に親の手を離れ自立に向かう時期。自分で状況に合わせて、方法を変更するよう求められる場面が増えていく。保護者以外にもサポーターを見つけてヘルプを求めることが大切。

幼児期（3〜6歳）

3歳頃〜就学前までの子どもの姿と生活について、
どんなことがポイントとなるのか、見ていきましょう。

子育てのポイント

●発達検査でLDの傾向がわかる場合も

　ＬＤの場合、就学前に専門医にかかって診断を受けるケースはそう多くありません。しかし、ＬＤのある子は、ＡＤＨＤ（P.40参照）やＡＳＤ（P.38〜39参照）、ＤＣＤ（P.41参照）などの発達障害の特性をあわせもつことも多く、幼児期にそれらの特性が強く表れたため療育などで専門家とつながっている場合には、発達検査でＬＤの傾向が示されることがあります。

●就学はどうしたらいい？

　5〜6歳になっても文字に興味を示さないなど、お子さんのようすに不安がある場合は、各自治体で行われる「就学相談」を受けるといいでしょう。障害の有無は関係なく、5歳から誰でも受けることができ、臨床心理士や元校長先生などが相談にあたります。自治体のホームページをチェックしてみましょう。

　就学の際には、通常の学級に進み、就学後、必要に応じて「通級による指導（通級指導教室）」を受けるケースや、自治体によっては、特別支援学級に在籍していても「国語の授業以外は通常の学級で過ごす」ようなケースもあります。就学相談の際に尋ねるか、就学後、転籍することもできるので、学校の先生に相談してみるといいでしょう。

児童期（6〜12歳）

小学校時代の子どもの姿と生活について、
どんなことがポイントとなるのか、見ていきましょう。

こんなことが大変です

- 頑張って勉強しても結果に結びつかず、学習意欲が低下する
- 学習面でのつまずきが、友達からのからかいやいじめの対象になる
- しかられることが多く、自己評価が低下する
- 進級、中学校進学時の支援の引き継ぎがスムーズに進まない

子育てのポイント

●学校や医療スタッフと連携して

　小中学校では特別な配慮を要する子どもの支援体制があり、さまざまな役割をもった人・組織が支援を行っています（P.113参照）。診断がなくても、困ったことがあれば誰でもサポートを受けることができるので、お子さんの通う学校にどんな人がいるか確認しておきましょう。

　なお、お子さんが医療機関にかかっている場合は、主治医や療育スタッフと学校のスタッフが1つのネットワークとなり、個別の支援体制が作られることも。そうなったら、親子共にとても心強いことでしょう。

　進級・進学時に支援を引き継いでいくためには、学校と密な連携をとって専門家とチームを組み、子どもの姿や支援の工夫を共有していくことが大切です。その際、「個別の教育支援計画」の作成が有効となります（P.112参照）。

4章　年代別に見る子育てのポイント

●通級による指導や、家庭教師・塾の利用も

　学習の遅れや困難を感じる場合、通級による指導（P.114〜115参照）での個別および少人数指導が効果的です。通級を利用する場合、「個別の指導計画」（P.112参照）が作成され、それをもとに学級担任と指導内容を話し合うことができます。通級による指導については、保護者が申請しないと、学校側からは提案されないという所も多いので、気になる場合は積極的に学校に尋ねてみましょう。

　なお、宿題や家庭学習を、自分で時間を管理しながら行えるようになるには時間がかかります。高学年になって親への反抗が出てくると、毎回言い合いになってうまく進まないことも。この場合、家庭教師やマンツーマンの塾など専門家に任せるのも1つの手です。今は発達障害の特性を理解し、個々に合わせた指導を行う所もあるので、探してみるといいでしょう。

●保護者との関係作りも大切

　友達やその保護者の無理解から「勉強のできない子」と印象づけられてしまうこともあります。まずは担任の先生に相談し、ほかの保護者への対応を考えていきましょう。なお、園時代からの付き合いなどでほかの保護者との信頼関係が築かれていると、悪いうわさが広まったときにフォローしてくれて、さほど大きな問題にならずに済むこともあります。日ごろから積極的に学校行事や保護者会活動に参加し、保護者との関係を作ることも大切です。

●親子で「学校のこと」を話し合って

　学校での学習や友達関係などが気になりますが、園のころより担任の先生やほかの保護者と会う機会が少なく、子どものようすをつかみづらくなるため、なかなか不安も解消されません。あらためて、親子で学校のことを話し合う機会を作ってもいいでしょう。その中で出てきた課題については、2章で紹介した対応などを参考にしながら、どうしたら困難が減らせるかを一緒に考え、実

践していきましょう。子どももいっしょに考えることで、やる気とうまくいったときの達成感が芽生えます。

　検討した対策をすべて同時に行うのは無理があります。「やれるところから」「簡単なところから」として課題に優先順位をつけ、1つずつ取り組んでいくといいでしょう。

　また、すぐに成果が現れるとは限りません。うまくいったときは、「あなたが頑張ったから」「力があるから」とお子さんをおおいにほめ、うまくいかないときは、「方法が間違ってたかも。ごめんなさい。今度は別の方法を試してみましょう」と検討し直したり、「今はそのときでない」として次の機会を待ったり、軌道修正を行いながら、やる気が途切れないようにすることも大切です。

●診断のつくケースも

　入学後、検査により診断がつくこともあります。親御さんとしては、困難の原因がわかってほっとしたという人、「障害」ということへのショックが大きい人などさまざまですが、そのことを1人で抱え込まないようにしましょう。

　なお、小学生以降は、お子さん自身が周りの子とは異なる方法で学ぶことを選択する必要も出てくるため、検査を受けるタイミングや子どもへの伝え方も重要になってきます。

思春期（12〜18歳）

中学入学後〜18歳くらいまでの子どもの姿と生活について、どんなことがポイントとなるのか、見ていきましょう。

こんなことが大変です

- 提出物を期限内に出せない
- 親に反抗したり、無視したりする
- 学習意欲が低下し、やる気がない
- 友達関係がうまくいかない
- 周囲から良い評価を得られにくい
- 自尊感情が低下する、二次障害が現れる
- 高校・大学などの入学試験時に配慮申請をする

子育てのポイント

●教科担任制になって

　中学に入ると、「教科担任制」になって教科ごとに先生や教室が変わり、学習内容もより高度になります。また、先生によって子どものとらえ方が異なり、どの程度の配慮が必要かという考えも変わるため、今まで担任の先生に把握してもらえばよかった個別の配慮事項を各教科の先生に伝えなくてはいけません。まずは、担任の先生から各教科の先生に伝えてもらうようにお願いしましょう。特定の教科で困っている場合は、その教科の先生に直接話してもよいですね。話しづらいなら、学校にいるスクールカウンセラーや特別支援教育コーディネーターに相談してみましょう。

●日々の学習とテスト対策

　教科ごとに授業の進め方はまちまちで、それぞれに宿題や課題の提出があり、的確に対応していくのは大変です。ＬＤのある子の場合、学習に対する意欲や理解力があっても、テスト結果や評価に結びつかないということもあります。

　学習の支援については、成長に合わせて修正をし続けていかなくてはなりません。また、本人の希望を第一に、宿題やテストでの配慮を学校と相談するなど、環境を整える部分を中心にサポートしていけるといいでしょう。

●二次障害から子どもを守る

　ＬＤのある子にとって、この時期心配なのが二次障害です。幼いころからの叱責の積み重ねが自尊心の低下を招き、思春期になって、不登校やうつなど二次的な問題（二次障害）として現れることがあるのです（P.42〜44参照）。

　意識的にほめるなど、幼いころからの二次障害を防ぐかかわりが大切ですが、いろいろ手助けができた小学校時代に比べ、親のサポートを拒むことも多く、かかわり方に悩むケースも。思春期に入り心身のアンバランスから、親への反抗も強くなりがちで、どんな声かけも通じない、裏目に出るような印象をもたれるかもしれません。もし今、問題が出てしまっているのなら、家庭だけで抱え込まず、医師や学校の先生、各種相談機関などに相談してみましょう。

　学校でのいじめが原因になっている場合、親や先生に言わないこともあります。日ごろから子どもの微妙な変化を見逃さないようにするとともに、「あなたのことがとても大切で、いつでもあなたのことを見ているよ」という温かい目線を送り続け、悩みを打ち明けやすい雰囲気を作っていくことも大事です。

●高校から、いろいろなことが変わる

　ＬＤの場合、多くは小・中学校と通常の学級に進みますが、高校の場合、これまでより多様な選択肢があります（P.132参照）。

4章

年代別に見る子育てのポイント

●高等学校　全日制…平日の日中に授業を受ける
　　　　　　　定時制…夜間など決められた時間に通う
　　　　　　　通信制…自宅学習を基本とし必要な単位を修得する
　　　　　　　単位制…学年ごとではなく、3年間で必要な単位を修得する
●高等専門学校・専修学校　就労に直結した知識や技術を学ぶ　　など

　自分に合った環境で楽しく過ごせるように、医師や中学の担任の先生などと相談のうえ、お子さん自身の意見を十分聞いて検討しましょう。本人が学びの興味をもち続けられることが大切なので、考えうる選択肢を提示したうえで、最終的にはお子さん自身が決定したという形にもっていけるとよいですね。

　また、高校からは義務教育ではなくなるため留年も心配になります。提出物やテスト、授業時の配慮については引き継ぎ、相談を行っていきましょう。

　なお、高校の通級指導は制度ができて間もないため、中学まで通級による指導を受けていた場合、そこでの学びを今後どうするか（なくなっても大丈夫か、どこの場で引き継ぐかなど）を考えることも必要です。

●クラブ活動やボランティアで輝く子も

　自分の特性を生かして、クラブや委員会活動、ボランティアなどで力を発揮する子もいます。多少学習面で落ち込んでも、ほかに自分が輝ける場があると、自己評価を下げることなく学校生活を送ることができます。「勉強がおろそかになる」などと言わず、応援してあげてください。

青年期（18歳〜）

高等学校卒業後の青年の姿と生活について、
どんなことがポイントとなるのか、見ていきましょう。

こんなことが大変です

- 話を聞きながらのメモが難しく、会議や電話応対で支障が出る
- 読み間違い、書き間違いによる書類のミス、計算ミスが多い
- 聞き間違いにより伝達事項が不正確になりがち
- まとまった文章を書くのが難しく、文書作成が苦手
- 仕事や学習を予定通り進められない、やり遂げられない
- 生活リズムが乱れる、夜更かしして朝起きられない
- お金の管理・やりくりができない、必要な支払いを忘れる

子育てのポイント

●自分の特性の理解を促す

　高校卒業後、進学にしても就職にしても、親の手を離れ自立していく必要があります。そのために重要なのは、自分にある特性を正しく知って適切なサポートを要請する力をつけることです。今後の生活において、どんなことが大変で、どんなサポートが必要かを確認しておきましょう。

●大学入試の特別措置を受けることも

　大学入試センター試験では、発達障害のある学生について特別な配慮が受けられるようになりました。具体的な配慮として、次のようなものがあります。

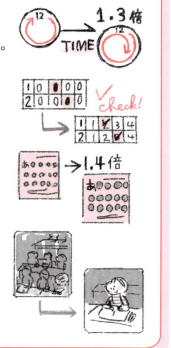

●試験時間の延長
通常の1.3倍の時間に延長するなど。主にLDなどで読字に困難があるケースに配慮している。

●チェック解答
マークシート方式ではなく、数字にチェックを入れる方式。手先の不器用さに配慮している。

●拡大文字問題冊子の配付
通常の1.4倍の拡大文字で印刷された問題用紙を使用するなど。主に視覚的な困難があるケースに配慮している。

●別室の設定
別室での受験。大勢の中での集中が困難という自身の問題のほか、声や音を出してしまう、じっとしていられないといった本人の状態が周囲に影響を及ぼす可能性も考えた配慮。

　これらの配慮を受けたい場合は、事前に医師の診断書や高校が記載する状況報告・意見書などを提出し、審査を受ける必要があります。センター試験を希望している人は、早めに準備できるよう、高校の担任や特別支援教育コーディネーターなどに相談してみましょう。

　なお、こうした入試における配慮は、センター試験だけでなく、各大学の入試でも実施され始め、今後、増えていくと思われます。

●大学生活での困難は、学内の相談窓口へ

　ＬＤのある人は大学生活において、普段の授業のほか、履修届けや書類作成に時間がかかる、レポートの提出や試験での配慮について相談・申請する、教員からＬＤの理解を得られない次のような困難を感じるようです。

　これらの問題については、大学内の相談窓口として、「学生相談室」「障害学生支援室」「学習支援センター」などがあります。生活・学習・就職などについての相談窓口で、発達障害に特化したものではありませんが、少しずつ理解あるスタッフも増えてきています。大学生活に不安がある場合は、この相談窓口を訪ねるといいでしょう。

●「大人」としてサポートしてくれる場を探す

　育児や発達の専門家や相談窓口などは18歳までを対象としていることが多いため、今後は新たに「大人」を対象としたサポーターを見つける必要があります。また、親の付き添いなく本人が１人で相談に行くことが多くなりますが、本人が「支援なんて、もう必要ない」と思っている場合もあるので、無理強いはせず、でも必要性を感じたときに情報提供できるよう、相談・支援機関について調べておくとよいでしょう。

●地域の相談窓口

　まずは各都道府県の発達障害者支援センターに相談。ここで、その人に合った病院や専門機関を紹介してくれることもある。

　そのほかＮＰＯ法人や若者サポートステーションなどで社会に出るためのスキルトレーニングを行っている所もある。

●医師やカウンセラー

　二次障害としてうつや不安症を疑う場合は、成人の精神科、もしくは心療内科を検討してもよい。いずれにしても発達障害を診る専門家がいるかどうかを確認することが大切。

　カウンセラーは、大学の相談室に配置されていることもある。

4章

年代別に見る子育てのポイント

わたしたち親子のあゆみ

LDのあるお子さんを育ててきたお母さん3人のお話をお聞きしました。
多くの経験が、お子さん本来の力を発揮している今につながっていることがわかります。

※文中の個人名や内容は、プライバシーに配慮して変更を加えてあります。

interview 1

ゆうすけくんのプロフィール
「書くこと」が特に苦手で、通常学級でパソコンやタブレット、スキャナーなどを使って授業を受けている、高校1年生。アスペルガー症候群の診断と聴覚過敏もある。

※取材は、2018年5月に実施。

どうやって育てたらいいかわからない

　言葉を発し始めた1歳半くらいから、コミュニケーションに違和感を覚えていました。彼が言っていることとわたしが受けとめていることにズレがあるのです。たとえば、「バナナちょうだい」と言われて、渡すと、「バナナちょうだいって言ってるでしょ！」と怒り出す。そんなズレが頻繁に起きていました。

　とても衝動性が高くて多動な子で、こだわりも強く、自分の考えているやり方が少しでも変わるとひっくり返って泣きわめいていました。今考えると、パニックを起こしていたのだろうと思います。とはいえ当時のわたしは、男の子というのはこういうものか、とぼんやり考えていました。

　幼稚園でも多動は変わらず、距離感もわからないので、大好きな友達を見かけると「おはよう！」と抱きつこうとして押し倒したりしてしまいます。そのため周囲からは「乱暴な子」、自分のペースでしか動かない「ワガママな子」と言われ、親であるわたしは、「いったいどんな育て方をしているんだ」「ちゃんとしつけしているのか」というような目で見られていました。夫にまで「どんな育て方したらこうなるんだ」と言われる始末で、本当に孤独でしたし、どうしてよいかわかりませんでした。

アメリカで知った、新たな可能性と認識

息子が4歳の頃にニューヨークに行く機会がありました。当時小学校3年生だった上の娘の自由研究に役立つかと国連本部を見学しました。ガイドに案内してもらいましたが、息子は相変わらず走り回っていましたし、まだ4歳だから意味もわからないだろうと思っていました。けれども帰ってきて、彼がわたしに「ママ、国連は3度目の戦争を起こさないように戦争に勝った国が話し合うために作ったチームなんだよ」と言ったのです。小3の姉よりもずっとよく理解していました。それまでは、会話はなんだかずれているし、自分の名前も書くことはできないし、あまり知的ではないのかもしれないと、わたし自身が思っていたところがあったので驚きました。

そして、滞在中に面倒をみてくれていた人がわたしに「この子は〈Stand up〉という言葉を知っていても、それを行動に移せないタイプだ」と言いました。そのとき、彼が使った「autism」という言葉を聞いて、おそらく「自閉症」なのだろうと思いました。以前からそうではないかと思っていたけれど、ちゃんと調べる勇気はありませんでした。「障害があるかもしれない」と口に出すのが怖かったのです。

帰国後、就学相談に行ったとき、校長先生に「お母さん、わたしに伝えておくことはありませんか」と聞かれました。そのときも、「あります」と言いたかったけれど、やはり言えませんでした。けれどもそこで、これはちゃんと診断してもらわないといけないことなのだと思い、自閉症のお子さんをもつ友人に聞いて、全国療育相談センターを予約しました。診断は半年も先で、その前に小学校の入学式がありましたが、そのときにはわたしも、もう少し覚悟ができていて、担任の先生に息子の特徴などを伝え、「診断のための予約をしています」と言うことができました。

その後、療育センターで、アスペルガー症候群と診断されましたが、その際に読み書きの困難に関しても指摘がありました。知的な発達は問題ないし、読むことはできるようだが、書くことができないので、学校の勉強についていけなくなる可能性があると言われました。実際、国連のエピソードのように話をよく理解できる反面、自分の名前すら書くことができないというアンバランスさは、以前より際立つようになっていました。

「お母さんが大好きなんですよ」

小学校に入ると、提出物や宿題など、やらなければならないことも増えて、できないことだらけの息子は荒れているし、わたしは相変わらず息子との意思疎通ができないままで

4章　年代別に見る子育てのポイント

した。担任の先生に「あの子はわたしのことが嫌いなんです。わたしもあの子の言っていることが全然わからないから助けてあげることもできない」と伝えると、先生が「そんなことありません。ゆうすけくんはお母さんが大好きなんですよ」と言ってくれたのです。

先生は、「息子さんは大事なこと、心にしみたことがある時には逆にさらっと受け流すような素振りをするところがありますよ」と教えてくれました。だから「受け入れられていないと思わずに、ちゃんと息子さんをほめてあげてください。伝わっていないように見えなくても伝わっているんですよ」と。

「とにかく具体的にほめてください」と先生は言いました。たとえば、こだわりの強い息子は靴下のかかとがきちっとはまっていないと気がすまず、いつもイライラしながら靴下と格闘しています。でも、上手にはけたときには、「上手にはけたね」とほめてあげればよいのだ、と。そんなことから始めてみると、確かに素っ気なくするのですが、「これは受けとめてくれている」と思うことができて。やっと息子とわたしのコミュニケーションがつながったのです。

息子はLDだった！

小学校1年のとき、夏休みのキャンプに参加させたことがありました。その送迎時に、あるお母さんと雑談していて何気なく「うちの子はアスペルガーなので」と話したところ、その方が「あら、うちの子はディスレクシア*なのよ」とおっしゃったのです。初めて聞いた言葉だったので尋ねると、詳しく説明してくれて。わたしが「うちの子は、理解することはできるけど文字が書けないんです」と話したら、「あなた、それがディスレクシアなのよ」と言われました。＊実際には、ディスレクシアは「読みの困難を主体とする状態」を指す。

その後、そのお母さんは山ほどのLDに関する本を抱えて我が家に来て、いろいろ教えてくださいました。その方のお子さんは、日本の公立小学校にLDであることを伝えて入学を希望したけれども叶わず、インターナショナルスクールに通っていました。「あなたがしっかりと息子さんの特性を知って、支えてあげなくてはいけないわ」と言われました。

ストレスとプレッシャーの反動で暴れる息子

それでも学校では担任の先生が本当によく目を配ってくださっていたこともあって、ある程度は文字を書くこともできていました。けれども、学校から帰ってくると、息子はわたしの顔を見るなりランドセルを投げつけて、怒って暴れて泣きじゃくります。わたしに

1日のストレスをぶつけ、疲れ果てて寝てしまう。わたしはそのストレスを受けとめながら、ごはんを食べさせ、お風呂に入れてやるだけで精一杯でした。

　朝、学校に行かなければならないことはわかっているから準備もするけれど、いざ出かけようとすると玄関のドアが開けられなくて、玄関でひっくり返って泣き出す。学校に「今日もまだ出られません」と電話をし、1、2時間落ち着くのを待ってからやっと学校に連れて行くと、先生が玄関で待っていてくれる。毎日がその繰り返しでした。

　2年生の3学期になった頃、信頼していた先生が産休で学校をお休みして、代わりの先生が来ました。すると、あっという間にクラスが荒れてしまいました。授業中もみんな立ち上がって好き勝手に動き回る大混乱で、クラスにいるのがいたたまれなくて教室の外にふらっと出ていってしまうような状況でした。

「文字を書けるようになる」ことへの執着を手放す

　小学校4年生の間は、クラスでの不適応もあって、息子のストレスもマックスになっており、親子関係もピリピリした感じになっていました。そんななか、「これ以上こんな状態が続いたら、わたしも息子も壊れてしまう」と感じて、もう字を書いたり、宿題をしたりという「努力」をするのはやめよう、と決意しました。結局、息子に字を書かせたかったのはわたしであって、これは、わたしの問題なのだということがわかったからです。

　そう思うきっかけになったのは、子どもの頃から通っていた小児科の先生で、校医もしていた方が、息子が「学校で常におどおどしている」ことが心配だと伝えてくれたのです。「これではいけない。息子さんがダメになる」と。

　先生はわたしたち家族を集め、みんなの前で息子にきちんと話してくれました。「君はアスペルガーだということは自分で知っているね。アスペルガーって、何かを極めることができる人のことなんだよ」「君は自分で自分のことをバカだと言うけれど、君は頭は悪くない。むしろ高校生でもわからないような専門的な勉強がいきなり理解できるようなタイプなんだ」「だから君は好きなことをやればいい。好きなことを教えてくれる先生を探して勉強すれば、きっと特別なことを極めることができるはずだよ」と。

　その先生の勧めもあって個人対応の学習塾に息子を入れて、学校の勉強ではなく、息子が興味を示す天体や物理、化学などの話について話してくれるようにしてくださいとお願いしました。理工学部の大学生がついてくれて、息子とも気が合って大変に盛り上がっていたようです。知的好奇心が満足したからなのか、いつも家で暴れていた息子も塾を終えて帰ってきた晩だけは落ち着いていて、親子のコミュニケーションが戻る感じでした。

「ママ、乱数って知ってる？　素数だけど他のどのルールにも左右されない数字のことなんだよ！　それを見つけるのはパソコンでも難しくて、そのための〈ガッカイ〉もあるんだって。僕、その〈ガッカイ〉に行ってみたいな」とうれしそうに報告してくれました。わたしもとてもうれしくて、この子の知的好奇心を、ちゃんと高等教育につなげてやりたい、という気持ちが高まりました。

「僕の取り扱い説明」は僕自身がする

　当時息子は週に1回は通級に、週に2回は療育施設に通うため午後の授業をお休みしていましたが、それもクラスで浮いている原因のひとつになっていました。勉強を怠けていて字もろくに書けないと、ばかにされていたのかもしれません。けれども、5年生に上がったとき、新しい担任の先生が、息子の障害について「きちんとクラスの子どもたちに開示しましょう」と提案してくださったのです。

　そのことを息子に伝えると、息子は、「先生ではなくて、自分で話したい」「自分のことを『心の病気』と説明されて、同情されたくない。自分は脳がみんなと少し違って、このような特徴がある」ときちんと説明したいと言いました。

　それを聞いた先生も理解してくれて、そのための「準備」としてある程度の地固めはさせてほしいとおっしゃいました。先生は、息子が療育に行っている日に、クラスの子どもたちに、こんなふうに話してくれたそうです。

「ゆうすけくんがなぜ毎週2回いないのかわかる？　勉強しに行ってるんだよ」「かけっこは早いけど算数は苦手とか、誰にでも得意不得意のデコボコがあるよね。でもゆうすけくんの場合はそのデコボコが極端なの」「字を書くのは苦手だけれど、物理や化学は高校生くらいよくわかっていたりするのよ」「そのデコボコの差を少しでも少なくして、できないことをできるようになるためにゆうすけくんは毎日頑張っているのよ、みんなも負けないように頑張って勉強しようね」と。

　そして後日、息子が自分で自分のことをクラスメイトに説明しました。「自分には得意なこともあるけれど苦手なこともある。だから、改善するために勉強に通っている」と。そして、「こうしてほしい」という自分の「取り扱い」についても伝えました（次ページ）。その話の後、先生の提案で、クラスの子どもたちが感想文を書いてくれました。そこには「幼稚園の頃からずっといっしょだったのに何も知らなくてごめん」「これからは助けたいから頼りにしてほしい」というような言葉が並んでいました。

ゆうすけくんから、クラスのみんなへのお話　～本人による障害開示～

　みんなに聞いてもらいたいことがあります。

　ぼくは得意なことも多少あるけど、苦手なことやみんなと違うところがあります。たとえば、整理整頓ができない、字を書くことが苦手、すぐに忘れることがあるなどです。

　これらを少しでも改善するために、火曜日や木曜日に勉強しに行っています。

　言われても忘れることがあるし、ざわざわした教室では音を聞き分けることができないので、ときには別の場所（音楽室や図工室）に行って勉強するときの移動のことを忘れてしまいます。だから僕の肩をたたいて教えてください。お願いします。

　また、その日の午後には保護者会があり、わたしも自分の言葉で息子のことを説明しました。すると、保護者会が終わった後、お母さんたちが来てわたしをハグしてくれたのです。親子ともども、本当の意味で周囲の人に理解してもらうことができて、5年生の新しい生活が始まりました。

ゆうすけの母より、同じクラスの保護者へのお話　～保護者からの障害開示～

　息子がトラブルを起こしては、お宅に謝りに行くことが多々あります。いつも皆さんには本当にお世話になっています。

　息子の障害のことは、ずっと隠さずに育ててきましたので、知っておいでの方が多いと思いますが、あらたまってお話しするのは初めてです。

　こうして、小さいころからいっしょに子育てをしている皆さんの前ではつい涙になりがちですが、今日は泣かないで話をしたいと思います。

　息子は発達障害です。アスペルガー症候群で、LDと聴覚過敏もあります。

　発達障害は脳のタイプの違いによるもので、育て方によるものではないそうです。

　具体的には、表情から相手の気持ちを察することができません。だから怒っている相手に不適切なことを言ってしまったりします。

　電車の音や、バイクの音、突然の音、子どもの大きな声が苦手です。

　不安感が高まることがあり、夕方から夜にかけてカラスの鳴き声などで不安発作を起こすことがあります。不安感が高くなるとエレベーターに乗れなくなったり、入浴やトイレが一人でできなくなったりします。

　耳からの指示より目からの指示がよく入ります。たとえば、公園に行ったときに、「帰

4章

年代別に見る子育てのポイント

ろうよ」と声をかけても一向に聞き入れないのに、「帰ろうよ」とメモを見せるとすぐに帰ることができます。

　気持ちの切り替えに時間がかかりますが、以前よりは早くなりました。理不尽なことに特に納得がいかないところがあり、よく話を聞いてやることで前に進むことができるようになります。

　行き渋りが強く、特にストレスが高まると学校・通級への行き渋りがひどくなります。行事が近づくことや、冬に近づく季節にストレスが高まるようです。また、この頃は友達との関係に悩むことが多くなりました。

　LD（学習障害）は特に「書字」に困難があります。いろいろな医療機関をまわって調べてもらいましたが、目の機能も問題ない、手の運動機能も問題ない。理解もできているのだけれど、文字を手で書くことがとても大変です。言語と文字が結びついていなくて、文字を「絵」として認識しているのだそうで、それはわたしたちがキャラクターの絵をいちいち思い出して書いているようなものなのだそうです。

　そういうこともあって、ストレスをいつも抱えています。ストレスの高まりで、上履きを履き替えることや、洋服をちゃんと着ること、靴下をはくことなどができにくくなるようです。家族はこれを一つのバロメーターと捉えています。

　「障害」ということについて、日本の家庭では口に出してはいけないと教えがちです。日本人の奥ゆかしさからくる心優しい文化だと思うのですが、でも子どもたちはそれでは納得できません。正しい理解がないので大人が意図していないようなひどいことを言ってしまったりします。

　ですから、今日お伝えしたことをできるだけご家庭で話題にしていただきたいのです。お子さまからのご質問には率直に、脳のタイプの違いなのだと答えてあげてくださると助かります。直接わたしに聞いていただいても構いません。また、お子さまが息子の学校でのようすを話すときにも、「言っちゃだめよ」というように話を制したりしないで、「へ～、そうなの」と耳を傾けてお子さまの思いが消化できるように手を貸していただけると助かります。

　万が一、お子さまがひどいことを言ってしまったとしても、息子にはそれも大事な経験で、自分の中でどう対処するかを学ぶときと考えています。子ども同士、そうやって育ち合ってくれたらいいなと思っています。

　息子が何かやってしまった場合にも、正しい行動を息子に教えてやりたいので、先生にでもわたしにでも連絡していただけると助かります。

　頑張って育てていきますので、今後ともどうかよろしくお願いします。

授業でタブレットを使えるように

　いちばん荒れていた4年生の頃は、「息子が書けるようになること」への執着をやっとわたしが手放せた頃でもあるのですが、知人経由で、発達障害の子どもたちに特化したPCやタブレットを使った情報（ICT）教育と、障害や病気のある小中校生、大学生の進学と就労への移行支援をしてくれる団体の存在を知りました。「これだ！」と思ってあちこちで情報を集め、5年生から通うことができました。

　そこでは自分の考えていることをきちんと表現できる喜びを体験し、息子の知的好奇心は広がりました。同時に、自分自身の特性についてもより深く理解できるようになり、少しずつ自己肯定感を取り戻していきました。そこで、なんとしてでもこのICTの環境を学校にも持ち込むことを許してもらいたい、と考えました。すぐには無理でも、少しずつ理解してもらおうと、学校の先生に働きかけを始めました。

　そのころにはタブレットやPCは息子にとってはなくてはならないものになっていましたが、それでも、学校に持ち込むことに関して息子自身に迷いがありました。「一人だけずるいって言われる」と悶々とする時期が続きました。わたしは「息子の人生なのだから本人の選択に従うしかない」と思い、気長に付き合いました。

　5年生のお正月を過ぎる頃、やっと本人が決意し、わたしも事前に学校や教育委員会に働きかけていたこともあって、状況もなんとか整っていました。今回も先生は、息子本人に、なぜ自分が学校でタブレットを使うのかをみんなの前でプレゼンテーションさせてくれました（その後、わたしからも保護者会でお話しさせていただきました）。お友達も十分に理解してくれましたし、先生も「他にもタブレットを使いたい人はきちんとゆうすけくんのようにプレゼンしてください」とこの件をフェアに取り扱ってくれたこともあり、非常にスムーズに導入してもらうことができました。

「僕にタブレットを使わせてください」　〜クラスの友達へのプレゼンテーション〜

　僕は、字を書こうとすると思考が止まり、考えていることも忘れてしまいます。なので鉛筆では伝えられません。

　しかも、字を書くのが遅くて、書くことと言葉が一致しないです。

　でも、タブレットという物があって、それを使うと伝えたいことも伝えられるし、黒板の文字を写すこともできます。

　だから僕にタブレットを使わせてください。

4章　年代別に見る子育てのポイント

保護者の皆様へ　〜保護者よりタブレット使用に関するお願い〜

　いつも息子がお世話になっています。

　おかげさまで、息子はお子様方の理解のもとで以前よりずっと学校になじめるようになってきました。ありがとうございます。

　障害について、昨年のこの保護者会でお話ししたところですが、特にLDについては、今のままでは学校で学び続けるのが難しくなってきました。ですが、本人は好奇心旺盛で、知識を得ることが好きで、そういうところを高等教育に結びつけてやりたいと思っています。

　そのため、学びを継続していくために「手で書くこと」に代わる方法を探してきました。

　ある教育機関が、障害のある子どもにICT機器を与え、学びの機会を保障するためのプロジェクトを実施しているのですが、そこにご縁があって、タブレット（ＰＣ）でなら息子もノートテイクができることがわかりました。

　担任の先生や通級などの理解もあって、昨年はタッチタイピングの練習なども積んできて、校長先生からもＯＫをいただき、この春からこの教室でタブレットを使わせていただきたいと考えています。

　本人からは昨日お子様方に向けて説明をしましたが、皆様にもお伝えしておきたいと思い、お話しさせていただきました。

　今後ともどうぞよろしくお願いします。

高校進学時、「フェア」の話を「イコール」で返されて

　中学校の入学前には、息子が中学校の先生方に自分の特性をプレゼンテーションしました。先生方は息子にたくさんの質問をし、息子は一つひとつ丁寧に答え、双方が納得して入学となりました。入学後すぐにPC、ポータブルプリンター、スキャナーを使用するようになり、先生と相談を繰り返しながら、定期テストもそれらの機器を使用して受けるようになりました。

　そして次の段階、高校受験にあたっては、いくつもの私立高校に入試と入学後の配慮のお願いに行きました。しかし、理解してもらうことは至難の業でした。息子は文字を書いて知識を表現することができないので、試験を受けるにも入学後の生活でもタブレットやPCが必要なのですが、それを事前に許可してくれる学校が見つからないのです。他の生徒と「公平」に「手で書いて」ください、というのがその基本的な姿勢です。

　「近眼の子にメガネが必要なように、息子にはパソコンが必要なのに、それを使わせな

いのが『公平』ということなのですか？」と入試担当者に尋ねると、「そうです」と答えた学校もありました。わたしが憤慨してさらに言葉を重ねようとしたとき、息子がわたしに「これ以上はいいよ」と制したこともありました。この学校に行く気はない、と彼自身がその場で判断したからです。「僕はずっと『ずるをしている』と言われることに悩んできた。僕らは『フェア』の話をしているのに、この学校の人たちは『イコール』の話をしているんだね」と。

　小さい頃、かんしゃくを起こしては泣いていた息子が、こんなふうに落ち着いて自分と他人を見つめられるまでに育ったことを誇らしく思いました。

受験の配慮申請と高校生活

　受験時に配慮申請を出すこと自体が、ものすごく勇気のいることです。くじけそうになる息子に、進学の移行支援をしてくれていた団体の先生が次のような言葉をかけてくれました。

　「新しいことを始めるときには新しい扉をたたく必要がある。もちろんたたかない自由もあるし、その自由は尊重されるべきだ。自分を見つめて決定をくだすことはつらいことだが、君はそれができる人だと思うよ」

　都立高校のある担当者は、「君は自分で不安感が強いと話すが、これだけの困難を抱えて生きているのだから不安を感じて当然だし、その不安と闘いながらここにこうして説明にきてくれた君は本当に強い人だと思う」と声をかけてくれました。勇気を振り絞って配慮申請を出したある私立高校の担当者は、配慮を検討する内部の話し合いの過程で息子のために何度も涙したと話してくれました。

　最終的に２校の私立高校で入試における配慮が実施され、受験することができました。全日制の真に学力を問われる難関校に合格したことは、わたしたち親子の大きな自信となりました。

　息子はLDでも学ぶことが好きで好きで、学ぶことをあきらめずに新しい扉をたたきました。その息子の夢を大勢の大人がいっしょに追いかけ、重くきしむ大きな扉を押し開いてくれたと感じます。

interview 2

まさるくんのプロフィール
おっとりとした優しい性格で、ＡＤＨＤの注意欠如傾向がある。読み書きは苦手だが、基本的にほかの子と同じように授業を受けている。現在高校１年生で工学系の大学進学を希望している。

※取材は、2018年5月に実施。

耳で覚える子って？

　この子は少し、言葉の発達が遅いのかもしれない……。そう思ったのは、まさるが1歳になるかならないかのことでした。3つ年上の姉は、1歳のころにはもう話し始めていたし、2歳になるころには大人と十分に会話できるほどになっていたからです。

　姉が私立の小学校を受験して入学していたので、まさるもそうさせるつもりで文字の読み書きも指導してくれる幼児教室に2歳から通わせたのですが、そこでも言葉がうまく使えるようにならず、文字にもあまり興味をもたず、という感じでした。

　幼児教室の先生に、「この子は、『耳』で覚える子やね」と言われたのが印象に残っています。あとから考えると、目から見る情報はすぐに忘れてしまうような感じで、耳からの理解の方がよいということのように思います。

おっとりした優しさと頭の中の多動

　言葉や文字の問題はあったけれど、まさるは小さなころからとてもおっとり、のんびりとした心の優しい子で、特別に子育てに苦労したというようなことはありませんでした。お友だちといっしょにいるときも穏やかにニコニコしていたし、女の子たちにもとても好かれていたようです。

　ただ、忘れ物や落とし物が多いという面もありました。話している中で何か小さなことを頼んでも、すぐ忘れてしまうといったことがよくありました。

　話すことについては、周りの子よりゆっくりではありましたが、普通にしゃべれるよう

になっていったものの、人の話を聞くときに、情報がきちんと受け取れていないような感じはありました。それ以外には特に気になることはなかったのですが、もっとあとになって相談した療育の先生に、「この子は頭の中が多動なんだろうね」と言われて、とても納得しました。音だけの情報が残りづらいため、物や人の名前を覚えにくく、2つの物を持ってくるようにお願いすると1つは忘れてしまうような、そんなところがありました。

連絡帳を書くのに1時間かかる!

　私立小学校の受験はせず、地元の小学校に入学しました。入学の際には、周りのお子さんのようにひらがなを読んだり書いたりできないなど、識字に遅れがあることを学校に伝えておきました。

　小学生になって、まさるは、間違いも多いけれども、少しずつは書けるようになっていきました。それでも、学校の短い連絡帳を書くのに1時間以上もかかるような日々でした。一生懸命覚えようと、家で繰り返し漢字を書いているのになかなか定着しない。「目」という字を家で百回書いて、「もう覚えたね!」と言っても次の日の朝に書かせてみるともう書けない。そんな状況でした。

　普段の会話などを見ても、知能に遅れがあるとは感じられず、やはり、ほかに何かしらの問題があるのではないかと、担任の先生に相談しました。でも、1年生の担任の先生には、「まあ、文字に興味のない子もいますよ」とさらっと流されてしまいました。

やっと専門家につながり、見る力の問題が明らかに

　小学校では、特別支援学級対応といって、通常学級の教室でみんないっしょに授業を受け、状況によって支援の先生が入ってくれるスタイルでしたが、なかなか学校の勉強についていけないまま2年生になりました。新しく担任になった先生が、すぐにまさるの「傾向」に気づいてくれて、教育センターでの検査を勧めてくれたのです。

　教育センターでは、保護者の面談があり、まさるの小さなころからの話を多く聞かれました。まさるも、さまざまなテストを受けました。そして視覚の認知に問題がある可能性を告げられ、LDを専門とした療育センターを紹介されました。さらに療育センターで検査を受け、それから8か月待って3年生になるころから、ようやく療育センターに通えるようになりました。

　療育センターには、オプトメトリストという視覚に関する専門の先生がいて「ビジョン

4章

年代別に見る子育てのポイント

トレーニング」という見る力を高めるためのトレーニングがありました。まさるは、球技などもとても苦手だったのですが、それはボールの動きを追うことができず、怖く感じてしまうからのようでした。

　そのため療育センター以外で、週に1度、体育の個人レッスンを受けました。公園でのボール遊びなどをとおして、動体視力を鍛える指導で、これも続けていくうちに少しずつ慣れて、以前よりもうまくできるようになったようです。

自分にあった方法で、読み・書きトレーニング

　療育センターでは、週に1度、読み・書きのトレーニングを受けました。文字を一つひとつすくい上げながら覚えていくようなていねいなレッスンでした。まさるは、濁点や小さな「っ」などがなかなか把握できずにいたのですが、たとえば、「びっくり」という言葉を「びっ……くり！」というように、抑揚をつけて声に出して、そのリズムで覚えさせてくれるなど、まさるの理解に合わせた指導をしてくださっていたようです。

　それまでは、「LD」という障害があるということも知らず、何度やらせてもうまく書けない息子にいらだって、「なんでできへんの！」と叱りつけたこともたびたびありました。LDのことを知らなければ、いつまでもキレイに字を書けないのを、ふざけているのではないかと勘違いしたままだったかもしれません。

　まさるは、療育センターに通い出してから、めざましく発達したというほどではないまでも、ゆっくりと時間をかけて、4年生の終わりごろまでにはなんとか小学校低学年レベルの読み書きができるようになっていきました。

小学校3年生でのスタートは、遅い？　早い？

　息子と同じ療育センターに通っていたお子さんたちは、LDだけではなく、ほかの障害をあわせもっている場合が多かったのですが、周りのお子さんは、LD以外の特性による困難が目立っていたためもっと早い段階で困難に気づいている子が多かったように思います。まさるは、3年生でLDの診断と同時にADHDを指摘されましたが、それまで多動などの目立つ困難はなく、文字に関すること以外は子育て上で特別に困ったことがなかったため、適切な対応ができなかったようにも思います。

　それでも、やっぱり、LDという特性がわかり、それに対応したレッスンを受けることができたのは、本当によかったと思っています。そのきっかけを作ってくださった、小学

校2年生の担任の先生のことを、まさるは今でも「命の恩人」と言っています。

「ほかの子と同じやりかたでやりたい!」気持ち

　まさるは、学校でも、ゆっくりではありますが、さまざまなことを克服しながら、なんとか勉強についていこうと頑張っていました。実際はとても大変なのに、そうではないかのようにフツウに振る舞おうとするので、小学校、中学校では、先生によって、理解がある先生、さほどない先生で対応も分かれ、マジメに取り組んでいても、「もうちょっと早く書けるようにしましょう」などと言われたり、授業で先生が話したことを資料でもらえるようお願いしたら、「書く力が失われるので頑張って書きましょう」と言われてしまったりすることもありました。

　当時の学校の先生には、療育センターに通っていることをお伝えし、療育センターの面談にお連れしましたが、まさるの書くということに意識を取られて、内容を理解するところまで至らないという困難さを理解されていないと感じていました。本当は、ノートを自分で取るのではなく、写真に撮ってもらったり、プリントにしてもらったりするなど、特性に応じた支援を学校が理解してくだされば、学習もよりスムーズに進んだと思うのですが、まさる自身がそれを望まず、苦手ながらも一生懸命ノートを取って、ほかの子と同じやり方で勉強していました。「僕は文字が書けないのです」と自分から表明して、理解をしてもらうというようなことは、今もやはり苦手なようです。

将来に向けて興味・関心を広げて

　高校受験では、公立高校に入学試験での配慮を認めてもらえなかったため、私立を受験しました。試験の際には、用紙を拡大コピーして、読みやすくしてもらいました。

　小学校、中学校では「文字を書く」ということからどうしても逃れられない生活でしたが、高校、大学、そして社会人になるにつれて、PCやネットなどのデジタル上でのコミュニケーションツールが使いやすくなることもあり、やっと自分の好きなことにいろいろ挑戦できるのではないかと思っています。「字を書かなくていいよ」って言ってもらえたら、この子はどれだけのびのびできるんだろう、ずっとそんなふうに思ってきました。

　入学したばかりの今の高校では、「ロボット相撲クラブ」に所属しています。もともと、子どものころから科学、特に実験には興味があり、小学校のときも科学ラボという習い事には楽しく通っていましたし、将来は工学系に進みたいという夢もあるようです。高校時代に好きなことをもっと見つけて、大学に進学してほしいと思っています。

interview 3

もと子さんのプロフィール
2018年現在大学1年生。書字が特に苦手で、中学時代から学校の授業はPCでメモを取って参加している。趣味は写真撮影。ASDと診断されており、感覚のかたよりなどもみられる。

※取材は、2018年5月に実施。

少し変わった子、くらいに

　娘は、言葉の発達がとても早く、2歳ごろにはもう大人と対等に会話できるくらいになっていました。ほがらかで明るい子でしたが、いわゆる「空気が読めない子」で、保育園に入ってからは、マイペースな行動が目立つことも。けれど保育士さんも笑って受けとめてくれていましたし、わたしもあまり気にしていませんでした。

　その後、引っ越して幼稚園に入りましたが、そこに1人、とても乱暴な男の子がいたため、その子の乱暴が怖くて幼稚園に行けず、結局その園をやめてしまいました。

文字に興味を示さない

　後から考えれば、幼児期までは、LDよりもほかの発達障害的な要素が多く現れていたように思います。文字の読み書きに対して「あれ？」と思うことが増えてきたのは、幼稚園の年中、年長の頃からです。早くから話し始め、会話の内容からしても知能の遅れは心配していなかったのですが、字に全く興味をもたない。年中くらいになると、街の看板などの文字に興味を示し、自分でも書こうとしたりするはずなのですが、娘にはそのような興味・関心が全く見られませんでした。また、言葉の聞き取りに関しても、「だいこん」なのか「らいこん」なのか、音がよく識別できていないようでした。

　小学校に入ってからも、もと子は五十音がなかなか覚えられず、読むことも苦手。「もと子」の「も」は、いつもくるっと逆向き。大きく書くことはできても、枠の中におさめることはできませんでした。

右と左がわからない

　右と左の区別も、何度教えても覚えませんでした。「お箸を持つのはどっち?」と聞かれ動かしてみると左手でも使えるような気がして、わからなくなってしまう。視力検査の日、手の甲に「みぎ」「ひだり」と書いたうえで「右手あげて」と言うと、堂々と左手をあげて……。道を覚えることはできるので、「いつもの道を曲がって」と言えば、間違えずに行けるのに、「その角を右に曲がって」と言うと迷ってしまう。正直、大学生になった今になっても、右左がわかっているかは怪しいものです。

　前後、上下はわかるけれども、右と左だけが感覚としてわからない。概念として存在していない、といった感じなのです。よく、漢字のへんとつくりを反対にしていたのも、このへんに理由があるのかもしれません。

一文字一文字を読むのに時間がかかる

　幼い頃、絵本を自分で読む姿が見られましたが、同じ本を何度も読んでいると、内容を覚えてしまいます。すると自分でも「読める」ようになるのですが、実際は文字を読んでいるのではなく、ただ暗唱しているだけでした。

　小学校に入ってからも、定規を当てて上下の文字を隠しながら、一つひとつの文字に集中しないと、文章が読めません。時間がかかるので、「ひとまず覚えてしまいなさい」と暗唱させました。そうやって読んで理解するまでには、たくさんの試行錯誤が必要でした。

　読めないということは、言い換えれば、目の前の文字を、頭の中で音に変換できない、音を思い起こすことができないということです。娘が言うには、たとえば「こ」という文字が出てきたときに「これは何という文字だっけ、と考えて、頭の中の引き出しを開けると全然違う文字が出てくる」とのことで、音と文字の対応ができていないのです。おそば屋さんの看板にあった文字だからこれはきっとそばの「そ」だ、というように、字の読み方を一つひとつ考えて、探していく感じだそうです。

筆記テストの日は疲労困憊で寝込むほど

　それでも、小学校高学年頃には、文字を「読む」ことは、遅いけれどもなんとかできるようになりました。しかし、書くほうは、なかなか思うようにはいきません。話の内容は理解できているのに、黒板を見てノートを見て字を写すということができないし、できた

4章

年代別に見る子育てのポイント

としても、字を写すので精一杯で、頭に入りませんでした。

　漢字テストの前日は、何度も書いて練習してなんとか書けるようになったのに、やはりテストではうまくいかない。それなのに学校の先生からは、「お母さんがちゃんと見てあげてください」と言われます。あんなに一生懸命練習したのに、「やっていない」「努力していない」と思われるのです。

　たくさん書けばなんとかなると言われても、娘にとっては音を文字に変えていくという作業は本当に大変で、心身を使い果たすほどのこと。いつもたくさん書くたびに寝込んでしまうくらいなのに、間違えたら赤で直されます。間違えると間違えたところを消して、先生の直した通りに書き直させられるのですが、間違えてしまったけれど、一生懸命書いたのに……と思うと、とても切ない気持ちになります。せめて、努力していること、一生懸命やっていることは認めてほしいと思っていました。

音の判断が難しく、九九も覚えられない

　言葉の音と文字が結びつきにくいのは数字もいっしょで、九九には大変苦労しました。たとえば、3×7（さんしち）と、3×4（さんし）で混乱。1（いち）7（しち）4（し）はそれぞれ音が近いので大混乱でした。九九そのもの、計算そのものは理解しているのですが、音がつながっていないので、どうしても混乱してしまうのです。七の段は特に苦手でした。娘はよく「6×7（ろくしち）は？って聞かれても、6番の7つめの歌詞は、1番から順番に歌わないと出てこないよ」と言っていて、なるほど、この子の頭の中では、九九は連なった歌のようなものなのだなと、理解しました。

　九九の場合は、まず音をすべてひらがなに書き換えて、それを暗記していく形でなんとか身につけることができました。文字も時間をかけながら、意味や記憶を関連づけるような形で少しずつ覚えていきました。ただ、今でも「2×3=6」は「にさんがろくは、にかけるさん」と、頭の中で変換しているだろうと思います。

　テストで結果が出せないもと子は、先生たちから見ると、やはり「できない子」であって、わたしは「子どもが勉強のできないことを認められない母親」にしか見えていなかったようです。「本当はもっと理解できる子なのに」と思っていましたが、「お母さん、お勉強ができない子もいますから」とやんわり言われるような状況でした。

検査を繰り返し、識字と計算に困難があることが判明

　低学年のころは、描いた絵が入選したりして、評価されるようなこともありましたが、高学年になるにつれて、「自分はできない子」なのだと自信を失っていきました。

　テストで問題を読むのに時間がかかり、またDCD（P.41参照）で不器用なこともあって、書字のスピードが一般的な子どもの30％だとしたら、100％理解していても、テストでは30点ぐらいしか取れません。国語も算数も体育も苦手……このままでは学校で評価されるところがなくなってしまうと思って、毎日やきもきしていました。

　本来のもてる力が評価されず、「勉強のできない子」と見なされながらも、しゃべればむしろ人一倍口が立つような子でしたから、小学校4年生になる頃にはいじめにあうようになり、次第に不登校になっていきました。

　わたしは、娘の発達障害や識字障害の可能性を疑い、それ以前にも検査をいくつか受けさせていました。中には、識字・計算について困難があると言われ、ディスレクシアの可能性を指摘された検査もありました。その間、何度も学校に対応をお願いしていましたが、全く改善されることはありませんでした。

　再び検査を受けてみたところ、あらためて識字障害があることが指摘されました。検査では、読みに時間がかかるけれど、きちんと理解できているということのほか、1つの文章を3回読んでいるということもわかりました。意味を理解するにはそのくらいの繰り返しが必要だったのです。また、飛ばし読みが多く、意味の取り違えが頻発していました。

　こうして、検査によって自分の傾向が理解できたのは、娘にとってもわたしにとっても自信につながりました。

「お母さん、心配しなくても大丈夫ですよ」

　娘が不登校になり始めたころ、「味方になれるのはわたししかいない」と思い、学習支援員の資格を取りました。ほかのお子さんの支援も行いましたが、資格を取ったのは何よりも我が子のためでした。学校への不信感が募り、この子に教えられるのは自分しかいないと考えていたのです。

　そんなころ、娘のもとに家庭訪問に来てくれていた教育委員会の先生が、「もと子さんは頭の良い子だし、学級委員タイプですね。お母さん、心配しなくて大丈夫ですよ」と言ってくれたことが忘れられません。正直なところ、学校の理解も得られず、娘も不登校になり、このまま人を恐れて外に出られなくなってしまったらどうしようと思っていました。

4章

年代別に見る子育てのポイント

そんな最も不安な時期に、教育に携わるプロの方が、ちゃんと子どもの素質を見抜いて「大丈夫」と言ってくれたことは、何よりの支援だったと思います。

また、その先生は、子どもだけではなく親にもサポートが必要だと伝えてくれました。これは、わたしにとっても大きなターニングポイントになりました。

思えば、娘はいつも明るくてユニークで、お友達と楽しくやっていました。好奇心旺盛でしたし、だからこそ、このまま学校に行けずに居場所を失ってはいけないと強く思いました。せめて、所属していると思える場所になればと、合唱団に入り、歌う楽しさを教えてもらったことも娘の人生にとっては大きな助けになったと思います。そのほか美術館や水族館、外食など、いろいろな所に出かけました。とにかく興味や関心を失わないようにしたかったのです。勉強が嫌いにさえならなければ、興味さえもっていれば、きっと取り返しはきくと思っていました。

サポート団体との出会い

中学3年のときに、障害や病気のある小中校生、大学生の進学と就労への移行支援をしてくれる団体の存在を知り、セミナーに申し込みました。そこでパワーポイントで自己紹介や自分の「取り扱い」をプレゼンテーションしたこと、PCを使って大学の授業を受けたことは大きな自信になりました。

また、わたしと娘はいつのまにか支援者と生徒みたいな関係になっていたのですが、一歩引くことで、親子に戻れた感じがしました。子どもの可能性を信じることができ、何よりもと子自身が自分の力を信じられるようになりました。

誰にでも苦手なことやダメなことはある。けれどもだからといって全部がダメなわけじゃない。子どものもつ興味や関心を失わせず、やりたいことに巡り合うことをサポートする。それができれば、子どもはきっと大きく変わることができるのだと思います。

PCを「ノート」に、高校生活を楽しむ日々

手書きは苦手だけれども、PCを使えばメモを取ることができるということは、中学に入る頃には自覚できていました。そこで、入学した中学校に、授業でPCを持ち込みたい旨をお願いしたところ、許可をもらえず、そのうえ、ある教員から「目に見えない障害は隠しておいたほうがよいのでは」という言われ方をされ、この学校にいても、望む支援は受けられないと、転校を決めました。そんなこともあって、小学5年から中学3年までほ

ぼ不登校の状態が続きました。

　高校受験の際には、いくらPCを使えば能力を発揮できるとはいっても、試験の際にPCの使用を認めてくれるところは少なく、進学したい高校の選択肢は多くはありませんでした。受験での配慮についての申請や相談を繰り返し、苦労もしましたが、実際に通った昼夜間定時制高校は、識字障害や感覚過敏による体調不良についても理解をしたうえで、授業中にPCでノートを取ることを許可してくれました。PCで取ったノートのデータや資料を友達にあげない、という条件つきでしたが、ルールを作ってもらうことで、頼まれたときに断りやすく、人間関係のトラブルを防ぐ効果がありました。その後、卒業までに、希望するすべての教科の定期テストでPCの利用を認められるようになりました。

　適切な支援のおかげで、娘は学校生活をとても楽しんでいました。もともと好奇心旺盛でしたし、書くことや聞くことなどへのサポートがあれば、学ぶことは嫌いではないのだなということがとてもよくわかりました。さまざまな興味や関心を広げ、カメラにハマり、東京都の高校生写真コンクールで銅賞を3年連続でいただきました。

　高校生活を通してつけた自信は、もっと学びたいという意欲を支えるものとなり、漠然としていた大学への進学を本格的に希望するようになりました。

　大学受験に当たり、合理的配慮の観点から（P.160参照）配慮申請を行いました。配慮申請には、医師による診断書の提出、高校での配慮実績、受験する学校との打ち合わせなどが必要でした。それには、具体的にどのような支援が必要かを本人が理解し、受け入れていることがとても大切だとあらためてわかりました。

　そして、この春（2018年）、都内にある私立大学に入学することができました。

振り返って思うこと

　小、中学校と、周囲の無理解や、家族や本人も自分たちのことがわかっていなかったことで、さまざまな苦労をしてきたと思います。誤解や偏見でひどいことを言われ、悔しくて泣いたこともありました。でも、差別的なことを言う人も、無理解な人も、まだまだこの世の中には多くいて、娘が成長し社会に出ていく以上、そういう人たちと今後もかかわっていくのです。よい経験ではなかったけれども、娘とわたしがいっしょに歩んでこられたことは、よかったのかもしれません。

　娘はこれからもそのような偏見や誤解の目で見られることもあるでしょうが、過去にいっしょに経験してきたからこそ、一人で抱え込むこともなく、周囲の方に相談をしたり、思いを伝えたりしながら自分の道を探していけるように思います。

4章

年代別に見る子育てのポイント

学校での支援を求めるタイミング

学校での支援に対する考え方は、親子の間でも異なるものです。もと子さん親子のエピソードをもとに、支援のタイミングについて考えてみました。

学校での困り感と親子間の思いのズレ

　学校での支援は、本人がその必要性を感じ、学校での配慮を望む思いが芽生えたときが支援のスタート。

　もと子さんの場合、小学校の6年間、いつ、どんなことに困っていたか、また、その時々での親子それぞれの思いはどうだったのか……。今考えたら、こうしたほうがよかったという振り返りと合わせて、学校での支援を受けるまでの過程を見ていきましょう。

小学校1、2年生
〜親子とも「読めない」「書けない」とは思っていなかった〜

〈読む場面〉

困ったこと① ▶ 音読は、つっかえつっかえで、読むのに精一杯。

> ええと、この字はクルッてなってるから『も』、次は、ええと……。声に出して読むと、意味がまったく頭に入ってこないよ。

> 文字を音に置き換えるのに、まだ時間がかかるんだなあ。
> とりあえず暗記。目で追いながら言っていればそのうち慣れるだろう。

 本人のキモチ

 保護者のキモチ

困ったこと② ▶ 算数の問題の文章が読めない。

本人のキモチ: 数字だけ読んでみよう。声に出さないと読めないよ。みんなにうるさいって言われるけど。

保護者のキモチ: 最初の1問だけ、読んであげるわよ。そしたらどんな問題かわかるでしょ。

〈書く場面〉

困ったこと③ ▶ 連絡帳に、明日の予定や持ち物をなかなか書き写せない。

本人のキモチ: なんでみんなそんなにスラスラ書けるの？ 帰りの会でみんなを待たせてしまってプレッシャー！

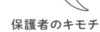

保護者のキモチ: そんなに大変なら、聞いて覚えてくればいいんじゃない？ 慌てて書いても、汚くてどうせ読めないし。

〈計算の場面〉

困ったこと④ ▶ くり上がりの計算を習うようになっても、指を使っている。

本人のキモチ: なんでみんな何も使わないで、答えが出せるの？

保護者のキモチ: なんでこんなに時間がかかるんだろう。

今だったら、こうしたい！
- 担任や学年主任の先生と相談して、通級を希望する。
  → 通級での指導・支援を学級と家庭で共有する（「個別の指導計画」を作成してもらう）。
- 宿題の調整や指示のしかた、配付物などを工夫してもらう。
- 授業中に「学習支援員」についてもらえるようお願いする（自治体による）。
- 入学前に就学相談をお願いして、学校と話し合っておく。

4章 年代別に見る子育てのポイント

小学校3、4年生
～ますます困ったことになっているけれど、言い出せない～

困ったこと⑤ ▶ 飛ばし読みや意味の取り違いが多い。

困ったこと⑥ ▶ メモを取れない、計算の途中式を書けないなど、文字が、覚えて考えることを補助するツールにはならない。

困ったこと⑦ ▶ 新聞づくりや習字など、友達に悪筆なのを見せたくない。

困ったこと⑧ ▶ 書く作業に時間がかかり、自分の考えを文字で表現できない。

本人のキモチ
計算問題を書き写すとか、書くのは本当に大変。でも、特別扱いでズルいって言われるのは、「絶対に」イヤ！

保護者のキモチ
使いやすいノートの使用や宿題を減らす許可をもらったら？

小学校5、6年生
～検査を受けて診断が付き、親子の認識がますますズレる～

困ったこと⑨ ▶ 理解していること（本来の力）とアウトプット（テストや提出物など）との差がますます開いていく。

本人のキモチ
わたしって、支援を受けなければならないほどヒドイ状態なの？頑張ればまだできるんじゃ……？

保護者のキモチ
学校に検査結果を見せれば、支援を受けられそう。支援があれば、勉強ができないという汚名を返上できるかも。

今だったら、こうしたい!

- 「個別の教育支援計画」を作ってもらい、療育や支援団体を含めた長期的支援・指導を考えてもらい、進級・進学時には、引き継ぎをお願いする。
- 入試を含め、高校で受けた支援をもっと前から受けられるようにする。

【高校時代に受けた支援】
①入試の際、事前に配慮申請を行い、当日は別室でPCを使用して受験。
②入学直後に学校で支援会議を開いてもらった。学校において予想される困り感を説明してLDなどの発達障害に対する理解を求めた。また、授業でのPCの使用許可を申請し、カメラで板書を撮ることが許可された。
③その後、普段の授業でのPCの利用が許された。授業中のノートテイク、授業で使用するプリントのデータ提供、メールによる課題提出、定期考査でのPC利用（別室で受け、先生の試験監督つき）など。

通常の学級での支援が受けやすくなるには

最後に、ご自身の経験を踏まえ、通常の学級で支援が受けやすくなるポイントを挙げていただきました。

- みんなの中で安心して支援を受けられるような環境づくりを学校にお願いする（配慮に対してズルいと言われないなど）。
- 支援があればうまくいくという感覚を本人が得られること（PCでノートテイクをしたら、授業がよくわかった！など）。すると、自分の困難を認め、支援を依頼できるようになる。
- 自分に必要な支援を考えること。将来的に、自分で交渉したり調整したりできることを目指す。配慮を申請したが「やっぱりいらなかった」と断る勇気も、ときには必要。
- 配慮を受ける前と受けた後に、本人と家族でよく話し合い、支援の具体的な内容を考える。また、状況に合わせて支援を調整し続けることも大切。
- 話し合いの前提として、次の3点が本人にあることが大切。
  ①困っている自覚がある　②自分の特性を理解している　③学校での支援を希望している。

Column
「合理的配慮」って？

2016年4月1日から「障害者差別解消法（障害を理由とする差別の解消の推進に関する法律）」が施行されました。ここで、①「差別的取り扱い」の禁止や、②「合理的配慮」の提供が義務付けられました（私立学校や民間事業者などの場合は努力義務）。この法律は、ＬＤを含め発達障害の子どもたちにも大きく関係しています。

①「差別的取り扱い」の禁止では、障害があるからといって受験資格を与えないなどということも禁止されています。

②「合理的配慮」の提供というのは、子どもが「私はここが苦手でなんとかしたい」というというとき、学校側はその子どもに対して、過度な負担にならない範囲で、ほかの子どもと不公平にならないでできることを考えます。例えば、LDのある子どものために、試験時間を長くしたり、黒板をカメラなどで撮影するのを許可したりなども「合理的配慮」といえるでしょう。

ただ、障害を理由になんでもかんでも主張すればいいというものではありません。「こうしてくれ」というのではなく、「こうしたことが苦手（困難）なのです」と伝えることで、先方（ここでは学校）ができることを考え、調整するということなのです。

〈資料〉

判断基準・診断基準と
小学校での配慮例

　本書では、文部科学省から出されたＬＤの判断基準（教育的定義）をベースに解説していますが、ここでは、その判断基準のほか、アメリカ精神医学会の定めた診断基準（ＤＳＭ-5）を載せました。日本の教育的定義とアメリカの医学的定義とでは若干の違いがありますが、ＤＳＭは発達障害の診断の際に日本でも広く使われています。

　また、ＬＤの検査を含めた診断評価方法はまだ確立されてはいませんが、診断手順や検査方法なども紹介します。これらを活用すると、たとえば、読む速度が同年代の子どもに比べてどのくらいなのかなどを知ることができ、ＬＤの可能性があることなどがわかります。

　さらに、２０１７年に文部科学省から公布された、学習指導要領の中で学校での配慮の例が具体的に示されています。学校と保護者がいっしょに学校で必要な指導・支援（個別の教育支援計画や個別の指導計画の作成など）を考えるときの参考になるかもしれません。

学習障害の定義（文部科学省）

　学習障害とは、基本的には全般的な知的発達に遅れはないが、聞く、話す、読む、書く、計算する又は推論する能力のうち特定のものの習得と使用に著しい困難を示す様々な状態を指すものである。

　学習障害は、その原因として、中枢神経系に何らかの機能障害があると推定されるが、視覚障害、聴覚障害、知的障害、情緒障害などの障害や、環境的な要因が直接の原因となるものではない。

学習障害の判断基準（文部科学省）

次の判断に基づき、原則としてチーム全員の了解に基づき判断を行う。

A.　知的能力の評価

　　①全般的な知的発達の遅れがない。

　　・個別式知能検査の結果から、全般的な知的発達の遅れがないことを確認する。
　　・知的障害との境界付近の値を示すとともに、聞く、話す、読む、書く、計算する又は推論するのいずれかの学習の基礎的能力に特に著しい困難を示す場合は、その知的発達の遅れの程度や社会的適応性を考慮し、知的障害としての教育的対応が適当か、学習障害としての教育的対応が適当か判断する。

　　②認知能力のアンバランスがある。

　　・必要に応じ、複数の心理検査を実施し、対象児童生徒の認知能力にアンバランスがあることを確認するとともに、その特徴を把握する。

B.　国語等の基礎的能力の評価

　　○国語等の基礎的能力に著しいアンバランスがある。

　　・校内委員会が提出した資料から、国語等の基礎的能力に著しいアンバランスがあることと、その特徴を把握する。ただし、小学校高学年以降にあっては、基礎的能力の遅れが全般的な遅れにつながっていることがあるので留意する必要がある。
　　・国語等の基礎的能力の著しいアンバランスは、標準的な学力検査等の検査、調査により確認する。
　　・国語等について標準的な学力検査を実施している場合には、その学力偏差値と知能検査の結果の知能偏差値の差がマイナスで、その差が一定の標準偏差以上あることを確認する。

　なお、上記A及びBの評価の判断に必要な資料が得られていない場合は、不足の資料の再提出を校内委員会に求める。さらに必要に応じて、対象の児童生徒が在籍する学校での授業態度などの行動観察や保護者との面談などを実施する。

　また、下記のC及びDの評価及び判断にも十分配慮する。

C. 医学的な評価

○学習障害の判断に当たっては、必要に応じて医学的な評価を受けることとする。

・主治医の診断書や意見書などが提出されている場合には、学習障害を発生させる可能性のある疾患や状態像が認められるかどうか検討する。

・胎生期周生期の状態、既往歴、生育歴あるいは検査結果から、中枢神経系機能障害（学習障害の原因となり得る状態像及びさらに重大な疾患）を疑う所見が見られた場合には、必要に応じて専門の医師又は医療機関に医学的評価を依頼する。

D. 他の障害や環境的要因が直接的原因でないことの判断

①収集された資料から、他の障害や環境的要因が学習困難の直接的原因ではないことを確認する。

・校内委員会で収集した資料から、他の障害や環境的要因が学習困難の直接の原因であるとは説明できないことを確認する。

・判断に必要な資料が得られていない場合は、不足の資料の再提出を校内委員会に求めることとする。さらに再提出された資料によっても十分に判断できない場合には、必要に応じて、対象の児童生徒が在籍する学校での授業態度などの行動観察や保護者との面談などを実施する。

②他の障害の診断をする場合には次の事項に留意する。

・注意欠陥多動障害や広汎性発達障害が学習上の困難の直接の原因である場合は学習障害ではないが、注意欠陥多動障害と学習障害が重複する場合があることや、一部の広汎性発達障害と学習障害の近接性にかんがみて、注意欠陥多動障害や広汎性発達障害の診断があることのみで学習障害を否定せずに慎重な判断を行う必要がある。

・発達性言語障害、発達性協調運動障害と学習障害は重複して出現することがあり得ることに留意する必要がある。

・知的障害と学習障害は基本的には重複しないが、過去に知的障害と疑われたことがあることのみで学習障害を否定せず、「A.知的能力の評価」の基準により判断する。

出典／「学習障害児に対する指導について（報告）」文部科学省、平成11年7月

限局性学習症・限局性学習障害の診断基準（DSM-5）

A. 学習や学業的技能の使用に困難があり、その困難を対象とした介入が提供されているにもかかわらず、以下の症状の少なくとも1つが存在し、少なくとも6ヶ月間持続していることで明らかになる：

(1) 不的確または速度が遅く、努力を要する読字（例：単語を間違ってまたゆっくりとためらいがちに音読する、しばしば言葉を当てずっぽうに言う、言葉を発音することの困難さをもつ）

(2) 読んでいるものの意味を理解することの困難さ（例：文章を正確に読む場合があるが、読んでいるもののつながり、関係、意味するもの、またはより深い意味を理解していないかもしれない）

(3) 綴字の困難さ（例：母音や子因を付け加えたり、入れ忘れたり、置き換えたりするかもしれない）

(4) 書字表出の困難さ（例：文章の中で複数の文法または句読点の間違いをする、段落のまとめ方が下手、思考の書字表出に明確さがない）

(5) 数字の概念、数値、または計算を習得することの困難さ（例：数字、その大小、および関係の理解に乏しい、1桁の足し算を行うのに同級生がやるように数字的事実を思い浮かべるのではなく指を折って数える、算術計算の途中で迷ってしまい方法を変更するかもしれない）

(6) 数学的推論の困難さ（例：定量的問題を解くために、数学的概念、数学的事実、または数学的方法を適用することが非常に困難である）。

B. 欠陥のある学業的技能は、その人の暦年齢に期待されるよりも、著明にかつ定量的に低く、学業または職業遂行能力、または日常生活活動に意味のある障害を引き起こしており、個別施行の標準化された到達尺度および総合的な臨床消化で確認されている。17歳以上の人においては、確認された学習困難の経歴は標準化された評価の代わりにしてよいかもしれない。

C. 学習困難は学齢期に始まるが、欠陥のある学業的技能に対する要求が、その人の限られた能力を超えるまでは完全には明らかにはならないかもしれない（例：時間制限のある試験、厳しい締め切り期間内に長く複雑な報告書を読んだり書いたりすること、過度に重い学業的負荷）。

D. 学習困難は知的能力障害群、非矯正視力または聴力、他の精神または精神疾患、心理社会的逆境、学業的指導に用いる言語の習熟度不足、または不適切な教育的指導によってはうまく説明されない。

出典／日本精神神経学会（日本語版用語監修）、高橋三郎・大野裕監訳『DSM-5 精神疾患の診断・統計マニュアル』p.65、医学書院、2014

LDの検査

　LDの検査を含めた診断評価方法はまだ確立されていません。ですが、最近は日本でも医療機関における診断手順や検査方法などが開発されています。以下にいくつか紹介します。

（読み書きの検査）

・読み書き症状チェック表
　読み書き障害に携わってきた小児科医、小児神経科医、特別支援教育専門家らが作成したチェックリスト。「心理的負担」「読む（書く）スピード」「読む（書く）様子」「仮名の誤り」「漢字の誤り」という5つのカテゴリーに分類された各項目のうち7つ以上に当てはまり、かつ、2種類以上の「ひらがな音読検査」で異常がある場合、「発達性ディスレクシアである可能性が高い」と考えられる。

・ひらがな音読検査　※保険適用
　ひらがなを音読するときの流暢性と正確性を評価する検査。単音連続読み、有意味語速読、無意味語速読、単文音読の4つの検査から構成。短時間で簡単に評価できるので、まずこの検査を実施し、追加検査を行う場合が多い。

・URAWSS（小学生の読み書きの理解）
　読みと書きの流暢性をはかる検査。小学校1年生から6年生について学年別の課題がある。標準的な実施時間は約40分。

・STRAW-R（読み書きスクリーニング検査）
　ひらがな、カタカナ、漢字の読み書き到達度を調べる検査。所要時間は30分程度だが、音読と聴写で同じ単語が使用されているので2日に分けて実施する。音読の流暢性と正確性の検査、漢字音読年齢の算出もできる。

・KABC-Ⅱ習得検査（読み尺度、書き尺度）　※保険適用（認知・習得検査を両方実施した場合）
　認知処理の発達水準を調べる認知検査と、学力の基礎となる知識・技能の獲得水準を調べる習得検査から構成される。所要時間は全検査を実施した場合、約2〜3時間。

・CARD（包括的領域別読み能力検査）
　読み能力を包括的・領域別に評価する検査。「ことばの問題」と「文の問題」の2つの冊子からなる検査で、所要時間は75~90分。

・URAWSS-Home（ウラウス・ホーム）
　株式会社エデュアスが提供する自宅で実施する評価キット。障害を診断するものではないが、読み書きのつまずきがどの程度で、どのような方法で支援ができるかについて示唆を得たいときに利用できる。申込後、保護者へのヒアリングシートと子どもが記入する課題が送られてくるので、記入をして返送する。専門家が読み書き状況を評価した所見が郵送されてくる。有料。

（算数の検査）
・「算数障害の症状評価のための課題」と、算数的推論の障害をみるために「算数思考課題」がある。この2つの正答率が学年基準値と比較して、有意に低い所見が1つでもみられる場合、算数障害である可能性が高いとされる。

資料

判断基準・診断基準と小学校での配慮例

小学校学習指導要領解説（平成29年6月）総則編 抜粋

※編集部が抜粋

国語編

　障害者の権利に関する条約に掲げられたインクルーシブ教育システムの構築を目指し，児童の自立と社会参加を一層推進していくためには，通常の学級，通級による指導，特別支援学級，特別支援学校において，児童の十分な学びを確保し，一人一人の児童の障害の状態や発達の段階に応じた指導や支援を一層充実させていく必要がある。

　通常の学級においても，発達障害を含む障害のある児童が在籍している可能性があることを前提に，全ての教科等において，一人一人の教育的ニーズに応じたきめ細かな指導や支援ができるよう，障害種別の指導の工夫のみならず，各教科等の学びの過程において考えられる困難さに対する指導の工夫の意図，手立てを明確にすることが重要である。

　これを踏まえ，今回の改訂では，障害のある児童などの指導に当たっては，個々の児童によって，見えにくさ，聞こえにくさ，道具の操作の困難さ，移動上の制約，健康面や安全面での制約，発音のしにくさ，心理的な不安定，人間関係形成の困難さ，読み書きや計算等の困難さ，注意の集中を持続することが苦手であることなど，学習活動を行う場合に生じる困難さが異なることに留意し，個々の児童の困難さに応じた指導内容や指導方法を工夫することを，各教科等において示している。

　その際，国語科の目標や内容の趣旨，学習活動のねらいを踏まえ，学習内容の変更や学習活動の代替を安易に行うことがないよう留意するとともに，児童の学習負担や心理面にも配慮する必要がある。

　例えば，国語科における配慮として，次のようなものが考えられる。

・文章を目で追いながら音読することが困難な場合には，自分がどこを読むのかが分かるように教科書の文を指等で押さえながら読むよう促すこと，行間を空けるために拡大コピーをしたものを用意すること，語のまとまりや区切りが分かるように分かち書きされたものを用意すること，読む部分だけが見える自助具（スリット等）を活用することなどの配慮をする。

・自分の立場以外の視点で考えたり他者の感情を理解したりするのが困難な場合には，児童の日常的な生活経験に関する例文を示し，行動や会話文に気持ちが込められていることに気付かせたり，気持ちの移り変わりが分かる文章の中のキーワードを示したり，気持ちの変化を図や矢印などで視覚的に分かるように示してから言葉で表現させたりするなどの配慮をする。

・声を出して発表することに困難がある場合や，人前で話すことへの不安を抱いている場合には，紙やホワイトボードに書いたものを提示したり，ＩＣＴ機器を活用して発表したりするなど，多様な表現方法が選択できるように工夫し，自分の考えを表すことに対する自信がもてるような配慮をする。

　なお，学校においては，こうした点を踏まえ，個別の指導計画を作成し，必要な配慮を記載し，翌年度の担任等に引き継ぐことなどが必要である。

社会編

（前略。国語編を参照）

　例えば，社会科における配慮として，次のようなものが考えられる。

　地図等の資料から必要な情報を見付け出したり，読み取ったりすることが困難な場合には，読

み取りやすくするために，地図等の情報を拡大したり，見る範囲を限定したりして，掲載されている情報を精選し，視点を明確にするなどの配慮をする。

　社会的事象に興味・関心がもてない場合には，その社会的事象の意味を理解しやすくするため，社会の営みと身近な生活がつながっていることを実感できるよう，特別活動などとの関連付けなどを通して，具体的な体験や作業などを取り入れ，学習の順序を分かりやすく説明し，安心して学習できるよう配慮することなどが考えられる。

　学習問題に気付くことが難しい場合には，社会的事象を読み取りやすくするために，写真などの資料や発問を工夫すること，また，予想を立てることが困難な場合には，見通しがもてるようヒントになる事実をカード等に整理して示し，学習順序を考えられるようにすること，そして，情報収集や考察，まとめの場面において，考える際の視点が定まらない場合には，見本を示したワークシートを作成するなどの指導の工夫が考えられる。

算数編

（前略。国語編を参照）

　例えば，算数科における配慮として，次のようなものが考えられる。

・「商」「等しい」など，児童が日常使用することが少なく，抽象度の高い言葉の理解が困難な場合には，児童が具体的にイメージをもつことができるよう，児童の興味・関心や生活経験に関連の深い題材を取り上げて，既習の言葉や分かる言葉に置き換えるなどの配慮をする。

・文章を読み取り，数量の関係を式を用いて表すことが難しい場合，児童が数量の関係をイメージできるように，児童の経験に基づいた場面や興味ある題材を取り上げ，場面を具体物を用いて動作化させたり，解決に必要な情報に注目できるよう文章を一部分ごとに示したり，図式化したりすることなどの工夫を行う。

・空間図形のもつ性質を理解することが難しい場合，空間における直線や平面の位置関係をイメージできるように，立体模型で特徴のある部分を触らせるなどしながら，言葉でその特徴を説明したり，見取図や展開図と見比べて位置関係を把握したりするなどの工夫を行う。

・データを目的に応じてグラフに表すことが難しい場合，目的に応じたグラフの表し方があることを理解するために，同じデータについて折れ線グラフの縦軸の幅を変えたグラフに表したり，同じデータを棒グラフや折れ線グラフ，帯グラフなど違うグラフに表したりして見比べることを通して，よりよい表し方に気付くことができるようにする。

理科編

（前略。国語編を参照）

　例えば，理科における配慮として，実験を行う活動において，実験の手順や方法を理解することが困難であったり，見通しがもてなかったりして，学習活動に参加することが難しい場合には，学習の見通しがもてるよう，実験の目的を明示したり，実験の手順や方法を視覚的に表したプリント等を掲示したり，配付したりするなどが考えられる。また，燃焼実験のように危険を伴う学習活動において，危険に気付きにくい場合には，教師が確実に様子を把握できる場所で活動できるようにするなどの配慮が考えられる。さらには，自然の事物・現象を観察する活動において，時間をかけて観察をすることが難しい場合には，観察するポイントを示したり，ＩＣＴ教材を活用したりするなどの配慮が考えられる。

資料

判断基準・診断基準と小学校での配慮例

生活編

（前略。国語編を参照）

　生活科の学習は，対象への働きかけなどの具体的な体験を通して，考えたことや感じたことを表現することを特徴とする。一人一人の児童の状況等に応じた十分な学びを確保するため，例えば以下のような配慮を行うことが重要である。

- ・言葉での説明や指示だけでは，安全に気を付けることが難しい児童の場合には，その説明や指示の意味を理解し，なぜ危険なのかをイメージできるように，体験的な事前学習を行うなどの配慮をする。
- ・みんなで使うもの等を大切に扱うことが難しい場合は，大切に扱うことの意義や他者の思いを理解できるように，学習場面に即して，児童の生活経験等も踏まえながら具体的に教えるように配慮する。
- ・自分の経験を文章にしたり，考えをまとめたりすることが困難な場合は，児童がどのように考えればよいのか，具体的なイメージを想起しやすいように，考える項目や順序を示したプリントを準備したり，事前に自分の考えたことを言葉や動作で表現したりしてから文章を書くようにするなどの配慮をする。
- ・学習の振り返りの場面において学習内容の想起が難しい場合は，学習経過を思い出しやすいように，学習経過などの分かる文章や写真，イラスト等を活用するなどの配慮をする。

　こうした配慮を行うに当たっては，困難さを補うという視点だけでなく，むしろ得意なことを生かすという視点から行うことにより，自己肯定感の醸成にもつながるものと考えられる。また，こうした意識で指導することは，障害のある児童への指導のみならず，低学年の全ての児童に対する指導として心掛けたいことである。生活科は，その教科の特質により，多様な認知の特性をもった児童の活躍が期待できる教科といえる。

音楽編

（前略。国語編を参照）

　例えば，音楽科における配慮として，次のようなものが考えられる。

- ・音楽を形づくっている要素（リズム，速度，旋律，強弱，反復等）の聴き取りが難しい場合は，要素に着目しやすくなるよう，音楽に合わせて一緒に拍を打ったり体を動かしたりするなどして，要素の表れ方を視覚化，動作化するなどの配慮をする。なお，動作化する際は，決められた動きのパターンを習得するような活動にならないよう留意する。
- ・多くの声部が並列している楽譜など，情報量が多く，自分がどこに注目したらよいのか混乱しやすい場合は，拡大楽譜などを用いて声部を色分けしたり，リズムや旋律を部分的に取り出してカードにしたりするなど，視覚的に情報を整理するなどの配慮をする。

　実際の指導場面では，個々の児童の困難さに応じて，児童の心理面などにも配慮しつつ，適切かつ臨機応変に指導を講じることが求められる。

図画工作編

（前略。国語編を参照）

　例えば，図画工作科における配慮として，次のようなことが考えられる。

- ・変化を見分けたり，微妙な違いを感じ取ったりすることが難しい場合は，造形的な特徴を理解し，技能を習得するように，児童の経験や実態を考慮して，特徴が分かりやすいものを例

示したり，多様な材料や用具を用意したり，種類や数を絞ったりするなどの配慮をする。
・形や色などの特徴を捉えることや，自分のイメージをもつことが難しい場合は，形や色などに気付くことや自分のイメージをもつことのきっかけを得られるように，自分や友人の感じたことや考えたことを言葉にする場を設定するなどの配慮をする。

家庭編
（前略。国語編を参照）

例えば，家庭科における配慮として，次のようなものが考えられる。

学習に集中したり，持続したりすることが難しい場合には，落ち着いて学習できるようにするため，道具や材料を必要最小限に抑えて準備したり，整理・整頓された学習環境で学習できるよう工夫したりすることが考えられる。また，活動への関心をもつことが難しい場合には，約束や注意点，手順等を視覚的に捉えられる掲示物やカードを明示したり，体感できる教材・教具を活用したりして関心を高めることが考えられる。周囲の状況に気が散りやすく，包丁，アイロン，ミシンなどの用具を安全に使用することが難しい場合には，手元に集中して安全に作業に取り組めるよう，個別の対応ができるような作業スペースや作業時間を確保することなどが考えられる。

体育編
（前略。国語編を参照）

例えば，体育科における配慮として，次のようなものが考えられる。

・複雑な動きをしたり，バランスを取ったりすることに困難がある場合には，極度の不器用さや動きを組み立てることへの苦手さがあることが考えられることから，動きを細分化して指導したり，適切に補助しながら行ったりするなどの配慮をする。
・勝ち負けにこだわったり，負けた際に感情を抑えられなかったりする場合には，活動の見通しがもてなかったり，考えたことや思ったことをすぐに行動に移してしまったりすることがあることから，活動の見通しを立ててから活動させたり，勝ったときや負けたときの表現の仕方を事前に確認したりするなどの配慮をする。

外国語編
（前略。国語編を参照）

例えば，外国語科における配慮として，次のようなものが考えられる。

・音声を聞き取ることが難しい場合，外国語と日本語の音声やリズムの違いに気付くことができるよう，リズムやイントネーションを，教員が手拍子を打つ，音の強弱を手を上下に動かして表すなどの配慮をする。また，本時の流れが分かるように，本時の活動の流れを黒板に記載しておくなどの配慮をする。
・1単語当たりの文字数が多い単語や，文などの文字情報になると，読む手掛かりをつかんだり，細部に注意を向けたりするのが難しい児童の場合，語のまとまりや文の構成を見て捉えやすくするよう，外国語の文字を提示する際に字体をそろえたり，線上に文字を書いたり，語彙・表現などを記したカードなどを黒板に貼る際には，貼る位置や順番などに配慮する。

特別の教科　道徳編

（前略。国語編を参照）

(5)発達障害等のある児童や海外から帰国した児童，日本語習得に困難のある児童等に対する配慮

　発達障害等のある児童に対する指導や評価を行う上では，それぞれの学習の過程で考えられる「困難さの状態」をしっかりと把握した上で必要な配慮が求められる。

　例えば，他者との社会的関係の形成に困難がある児童の場合であれば，相手の気持ちを想像することが苦手で字義通りの解釈をしてしまうことがあることや，暗黙のルールや一般的な常識が理解できないことがあることなど困難さの状況を十分に理解した上で，例えば，他者の心情を理解するために役割を交代して動作化，劇化したり，ルールを明文化したりするなど，学習過程において想定される困難さとそれに対する指導上の工夫が必要である。

　そして，評価を行うに当たっても，困難さの状況ごとの配慮を踏まえることが必要である。前述のような配慮を伴った指導を行った結果として，相手の意見を取り入れつつ自分の考えを深めているかなど，児童が多面的・多角的な見方へ発展させていたり道徳的価値を自分のこととして捉えていたりしているかを丁寧に見取る必要がある。

　発達障害等のある児童の学習状況や道徳性に係る成長の様子を把握するため，道徳的価値の理解を深めていることをどのように見取るのかという評価資料を集めたり，集めた資料を検討したりするに当たっては，相手の気持ちを想像することが苦手であることや，望ましいと分かっていてもそのとおりにできないことがあるなど，一人一人の障害により学習上の困難さの状況をしっかり踏まえた上で行い，評価することが重要である。

　道徳科の評価は他の児童との比較による評価や目標への到達度を測る評価ではなく，一人一人の児童がいかに成長したかを積極的に受け止めて認め，励ます個人内評価として行うことから，このような道徳科の評価本来の在り方を追究していくことが，一人一人の学習上の困難さに応じた評価につながるものと考えられる。

外国語活動編

（前略。国語編を参照）

　例えば，外国語活動における配慮として，次のようなものが考えられる。

・音声を聞き取ることが難しい場合，外国語と日本語の音声やリズムの違いに気付くことができるよう，リズムやイントネーションを，教員が手拍子を打つ，音の強弱を手を上下に動かして表すなどの配慮をする。また，本時の流れが分かるように，本時の活動の流れを黒板に記載しておくなどの配慮をする。

総合的な学習の時間編

（前略。国語編を参照）

　総合的な学習の時間については，児童の知的な側面，情意的な側面，身体的な側面などに関する子供の実際の姿や経験といった，児童の実態等に応じて創意工夫を生かした教育活動を行うことが必要であることをこれまでも示してきた。探究するための資質・能力を育成するためには，一人一人の学習の特性や困難さに配慮した学習活動が重要であり，例えば以下のような配慮を行うことなどが考えられる。

・様々な事象を調べたり，得られた情報をまとめたりすることに困難がある場合は，必要な事象や情報を選択して整理できるように，着目する点や調べる内容，まとめる手順や調べ方に

ついて具体的に提示するなどの配慮をする。
・関心のある事柄を広げることが難しい場合は，関心のもてる範囲を広げることができるように，現在の関心事を核にして，それと関連する具体的な内容を示していくことなどの配慮をする。
・様々な情報の中から，必要な事柄を選択して比べることが難しい場合は，具体的なイメージをもって比較することができるように，比べる視点の焦点を明確にしたり，より具体化して提示したりするなどの配慮をする。
・学習の振り返りが難しい場合は，学習してきた場面を想起しやすいように，学習してきた内容を文章やイラスト，写真等で視覚的に示すなどして，思い出すための手掛かりが得られるように配慮する。
・人前で話すことへの不安から，自分の考えなどを発表することが難しい場合は，安心して発表できるように，発表する内容について紙面に整理し，その紙面を見ながら発表できるようにすること，ＩＣＴ機器を活用したりするなど，児童生徒の表現を支援するための手立てを工夫できるように配慮する。

　このほか，総合的な学習の時間においては，各教科等の特質に応じて育まれる「見方・考え方」を総合的に働かせるような学習を行うため，特別支援教育の視点から必要な配慮等については，各教科等における配慮を踏まえて対応することが求められる。こうした配慮を行うに当たっては，困難さを補うという視点だけでなく，むしろ得意なことを生かすという視点から行うことにより，自己肯定感の醸成にもつながるものと考えられる。

特別活動編
（前略。国語編を参照）
　具体的には，特別活動における配慮として，次のようなものが考えられる。
○相手の気持ちを察したり理解することが苦手な児童には，他者の心情等を理解しやすいように，役割を交代して相手の気持ちを考えたり，相手の意図を理解しやすい場面に置き換えることや，イラスト等を活用して視覚的に表したりする指導を取り入れるなどの配慮をする。
○話を最後まで聞いて答えることが苦手な場合には，発言するタイミングが理解できるように，事前に発言や質問する際のタイミングなどについて具体的に伝えるなど，コミュニケーションの図り方についての指導をする。
○学校行事における避難訓練等の参加に対し，強い不安を抱いたり戸惑ったりする場合には，見通しがもてるよう，各活動や学校行事のねらいや活動の内容，役割（得意なこと）の分担などについて，視覚化したり，理解しやすい方法を用いたりして事前指導を行うとともに，周囲の児童に協力を依頼しておく。

　なお，学校においては，こうした点を踏まえ，個別の指導計画を作成し，必要な配慮を記載し，他教科等の担任と共有したり，翌年度の担任等に引き継いだりすることが必要である。
　さらに，こうしたことに配慮することに加え，周囲の児童が，配慮を要する児童の障害や苦手なものについて理解して接したり，同じ学級の一員としての意識を高めて関わったりすることができるように，学級におけるよりよい人間関係を形成するなど，特別活動の実践を生かして学級経営の充実を図ることが大切である。

資料

判断基準・診断基準と小学校での配慮例

さくいん

あ

ICT ………… 64、65、77、143、144、166、167、171

アスペルガー症候群 ……………… 39、137、141

暗記 ……………………………… 24、67、71

暗算 ……………………………………… 24、52

医療機関／医療スタッフ …… 44、127、163、165

インクルーシブ教育システム ………………166

うつ ……………………………… 43、131、135

英語 ……………………………………… 80

ASD（自閉スペクトラム症／
　自閉症スペクトラム障害）……………… 31、33、
　　　　　　　　　　　　　　　36〜39、126

ADHD（注意欠陥・多動性障害）……… 36、37、40、
　　　　　　　　　　　　　126、146、148

音韻 ……………………………… 28、29、50

音読 …… 10、49、50、58、59、65、156、164〜166

か

鏡文字 ……………………………………… 21

数（数字）……… 12、24、46、52、66、67、76、81、
　　　　　　　　　　　87、92、94、164

書き順（筆順）…………………… 21、51、62

書く ………… 18、21、34、35、49、51、53、62〜66、
　　　　　　　77、80、92、149、162、165、168

学習困難／学習上の困難 …… 19、27、163、164、
　　　　　　　　　　　　　　　　　　170

学習指導要領 …………………… 111、161、166

家族会（親の会）……………………… 121、122

かな（ひらがな、カタカナ）…… 20、21、50、51、63、
　　　　　　　　　　　　　　　　80、165

過敏（視覚過敏、聴覚過敏）…… 30、31、141、155

感覚の鈍さ（鈍麻・低反応性）……………… 31

漢字 ……… 11、20、21、35、50、51、59、61、63、65、
　　　　　　68、80、93、151、152

記憶（力）…………… 34、39、55、89、93、152

聞く ……… 18、22、30、31、51、55、72、81、88、90、
　　　　　　　　　　　　　　　　162

教育委員会 ……………………………… 98

きょうだい …………………………… 120、121

計算（たし算、引き算、かけ算、割り算）… 12、13、
　　18、24、25、48、49、66、133、152、153、157、
　　　　　　　　158、162、164

限局性学習症、限局性学習障害 ………100、164

検査 ……… 101、126、153、158、161、162、165

高機能自閉症 …………………………… 39

合理的配慮 ……………………… 155、160

個別の教育支援計画 ……… 112、127、159、161

個別の指導計画 … 112、128、157、161、166、
　　　　　　　　　　　　　　　171

さ

作文 ……………………… 21、34、51、70、71

視覚情報処理機能	29、32	ディスレクシア	100、138、165
視機能	32	テスト	11、24、35、37、49、131、132、144、152、153、155、158
自己肯定感、自己評価	42〜44、127、132、143、168、171	特別支援学級	108、109、126、166
思春期	125、130、131	特別支援学校	108、109、166
児童相談所	96	特別支援教育コーディネーター	113、130、134
就学相談	98、126、137、157	特別支援教室	109、115
就職／就労	37、124、133、135	飛ばし読み	58、153、158

視覚情報処理機能 …………………… 29、32
視機能……………………………………… 32
自己肯定感、自己評価 ……… 42〜44、127、132、143、168、171
思春期…………………………125、130、131
児童相談所 ……………………………… 96
就学相談 ………………98、126、137、157
就職／就労 ………………37、124、133、135
障害者差別解消法 ………………………160
書字 ……………………………………142、164
自立 ……………………………125、133、166
進学 ……………37、127、133、145、154、159
診断 …… 16、19、20、37、39〜41、126、127、129、137、158、161、163〜165
推測、推論…………18、25、162、164、165
すじみち ………………………14、23、34、51
専門家／専門機関 ……… 79、126、127、135、165

た

タブレット ………60、61、64、77、136、143、144
逐次読み ……………………………20、32
中枢神経系 …………………26、27、162、163
聴覚障害 ……………………………26、27、30
聴覚情報処理機能 ………………29、30
通級による指導／通級………126、128、132、140、142、144、157、166
DSM-5 ………………………………100、164
DCD（発達性協調運動障害）………36、41、126、153、163

ディスレクシア ………………………100、138、165
テスト ………11、24、35、37、49、131、132、144、152、153、155、158
特別支援学級 ………………108、109、126、166
特別支援学校 ………………108、109、166
特別支援教育コーディネーター …113、130、134
特別支援教室 ………………………109、115
飛ばし読み ……………………………58、153、158

な

二次障害 ……………42〜44、47、130、131、135
脳 …26〜30、32、34、36、39〜41、74、140〜142

は

配慮申請 …………………………130、145、159
拍（モーラ）…………………………… 28、29
発達障害 ………18、31、36〜38、41、42、44、124、126、128、135、141、143、150、153、159〜161、166、170
話す ……………………………………… 18、23
板書 …………………………………… 21、159
判断基準 ………………18、26、161、162
筆算 ……………………………… 24、52、66
不登校 …………………………43、131、153
文章 ………20、21、28、29、31、32、35、37、52、55、58〜60、65、66、68、72、79、88、91、133、151、153、157
文章問題 …………13、25、34、37、48、52、55、79

見る ……… 32、33、50、55、66、79、81〜84、86、167
文字 ………… 10、18、20、21、23、28、29、31〜35、
49〜51、53、55、58〜60、62〜64、72、77、79、
80、87、88、126、134、138、139、144、
150〜152、154、156、158、169
文部科学省 ……………………… 18、26、161〜163

読む … 10、18、20、28、32、48〜50、55、58〜60、
65、68、69、80、87、92、150、151、153、156、
161、162、164〜166、169
読み書き ………………… 23、146、150、165、166

療育、療育センター ………… 105、109、146、159

ワーキングメモリ ……………… 30、34、35、69、72

参考文献
『発達障害のある子を理解して育てる本』田中哲・藤原里美 監修（学研プラス）2015
『自閉症スペクトラムのある子を理解して育てる本』田中哲・藤原里美 監修（学研プラス）2016
『ADHDのある子を理解して育てる本』田中康雄 監修（学研プラス）2016
『読み書きが苦手な子どもへの〈基礎〉トレーニングワーク』竹田契一 監修 村井敏宏・中尾和人 著（明治図書）2010
『特異的発達障害 診断・治療のための 実践ガイドライン』特異的発達障害の臨床診断と治療指針作成に関する研究チーム 編集（診断と治療社）2010
『発達障害のある子どもの視覚認知トレーニング』本多和子 著（学研プラス）2012
『発達障害の子のビジョン・トレーニング』北出勝也 監修（講談社）2011
『発達障害の子の読み書き遊び・コミュニケーション遊び』木村順 監修（講談社）2011
『ワーキングメモリを生かす効果的な学習支援』湯澤正通／湯澤美紀 著（学研プラス）2017

『学ぶことが大好きになるビジョン・トレーニング』北出勝也 著（図書文化社）2009

『みんなで考えよう 障がい者の気持ち⑥発達障害【LD、ADHD】』玉井邦夫・服部美佳子・海津亜希子 監修
（学研教育出版）2010

『ディスレクシア入門』加藤醇子 編著（日本評論社）2016

『怠けてなんかない！ディスレクシア』品川裕香 著（岩崎書店）2003

『はじめに読むLD（学習障害）の本』上野一彦 著（ナツメ社）2009

『図解 よくわかるLD（学習障害）』上野一彦 著（ナツメ社）2008

『図解 よくわかる発達障害の子どもたち』榊原洋一 著（ナツメ社）2011

『LD・学び方が違う子どものためのサバイバルガイド ティーンズ編』ローダ・カミングス／ゲイリー・フィッシャー　著
竹田契一 監訳（明石書店）2009

『LD学習障害の本』宮本信也 監修（主婦の友社）2009

『イラスト版 LDのともだちを理解する本』上野一彦 編集（合同出版）2011

『多様な子どもたちの発達支援』藤原里美 著（学研教育みらい）2015

『新しい発達と障害を考える本⑦ なにがちがうの? LD（学習障害）の子の見え方・感じ方』内山登紀夫 監修 杉本陽子 編
（ミネルヴァ書房）2014

『発達障害 キーワード＆キーポイント』市川宏伸 監修（金子書房）2016

『発達障害のある子の育ちの支援』辻井正次 著（中央法規出版）2016

『新・発達が気になる子のサポート入門』阿部利彦 著（学研教育出版）2014

『学習につまずく子どもの見る力』玉井浩 監修 奥村智人・若宮英司 編著（明治図書出版）2010

『特別支援教育をサポートする読み・書き・計算指導事例集』梅田真理 著（ナツメ社）2016

『発達障害の子どもの心と行動がわかる本』田中康雄 監修（西東社）2014

『子どもの発達障害と支援のしかたがわかる本』西永堅 著（日本実業出版社）2017

『決定版！ 特別支援教育のためのタブレット活用』金森克浩 編（ジアース教育新社）2016

『はるえ先生とドクターMの苦手攻略大作戦⑤ことば（聞く・話す）編』『はるえ先生とドクターMの苦手攻略大作戦⑥ことば
（読む・書く）編』金子晴恵 著 宮尾益知 監修（教育出版）2010

『子どもの集中力を育てる聞くトレ』上嶋恵 著（学研プラス）2015

『はじめての通級　これからの通級』加藤康紀 監修・著（学研プラス）2016

『読み書き障害のある子どもへのサポーQ&A』河野俊寛 著（読書工房）2012

『読み書き困難児のための音読・音韻処理能力簡易スクリーニング検査ELC』加藤醇子・安藤壽子・原恵子・縄手雅彦 編
（図書文化社）2016

『LD・ADHD・高機能自閉症の子どもの指導ガイド』独立行政法人国立特殊教育総合研究所（東洋館出版社）2005

『実践障害児教育』518号（学研プラス）2016

『こころの科学』187号「学習障害を支援する」（日本評論社）2016

監修者	**竹田契一**（たけだ けいいち）
	大阪教育大学名誉教授、大阪医科大学LDセンター顧問など。
	専門は、発達障害児（LD・ADHD・高機能広汎性発達障害）への教育的支援、言葉の遅れに対するインリアルアプローチ、脳損傷児・者へのスピーチリハビリテーションなど。
編　者	**栗本奈緒子**（大阪医科大学LDセンター）
協　力	**西岡有香**（大阪医科大学LDセンター）
取材協力	河髙康子（療育とLDサポート ソラアル株式会社取締役／保護者の会SLDガーディアンズ代表）
	菊田史子（一般社団法人読み書き配慮代表理事／保護者の会SLDガーディアンズ副代表）
STAFF	企画編集：　松永もうこ　小林留美　竹内絢　岩崎眞美子
	ブックデザイン：村崎和寿（murasaki design）
	カバーイラスト：カワツナツコ
	本文イラスト：　今井久恵　sayasans

 LD（学習障害）のある子を理解して育てる本

2018年7月10日　　第1刷発行
2019年2月22日　　第2刷発行

監　修：　　竹田契一
発行人：　　甲原洋
編集人：　　木村友一
企画編集：　東郷美和
発行所：　　株式会社学研教育みらい　〒141-8416　東京都品川区西五反田2-11-8
発売元：　　株式会社学研プラス　〒141-8415　東京都品川区西五反田2-11-8
印刷・製本所：大日本印刷株式会社

この本に関する各種お問い合わせ先
●本の内容については、Tel 03-6431-1576（編集部直通）
●在庫については、Tel 03-6431-1250（販売部直通）
●不良品（落丁、乱丁）については、Tel 0570-000577
　学研業務センター 〒354-0045 埼玉県入間郡三芳町上富279-1
●上記以外のお問い合わせは、Tel 03-6431-1002（学研お客様センター）

本書の無断転載、複製・複写（コピー）、翻訳を禁じます。
本書を代行業者等の第三者に依頼してスキャンやデジタル化することは、
たとえ個人や家庭内の利用であっても、著作権法上、認められておりません。
複写（コピー）をご希望の場合は、下記までご連絡ください。
日本複製権センター https://jrrc.or.jp/　E-mail jrrc_info@jrrc.or.jp
R〈日本複製権センター委託出版物〉
学研の書籍・雑誌についての新刊情報・詳細情報は、下記をご覧ください。
学研出版サイト　http://hon.gakken.jp/